标准语音训练丛书

日本語発音ワークブック
日语发音与纠音

附实用短语 50 句

翟东娜　林　洪　编著
张学曾　志田和子　审阅

北京大学出版社
北　京

图书在版编目(CIP)数据

日语发音与纠音 / 翟东娜,林洪编著. —北京:北京大学出版社,2000.8
ISBN 978-7-301-04639-5

Ⅰ.日… Ⅱ.①翟… ②林… Ⅲ.日语–语音–教材
Ⅳ.H361

中国版本图书馆 CIP 数据核字 (2000) 第 39221 号

书　　　名:	日语发音与纠音
著作责任者:	翟东娜　林洪　编著
责任编辑:	杜若明
标准书号:	ISBN 978-7-301-04639-5/H·0542
出版发行:	北京大学出版社
地　　　址:	北京市海淀区成府路 205 号　100871
网　　　址:	http://www.pup.cn
电　　　话:	邮购部 62752015　发行部 62750672
	编辑部 62752028　出版部 62754962
电子邮箱:	zpup@pup.pku.edu.cn
印　　刷　者:	北京虎彩文化传播有限公司
经　　销　者:	新华书店
	787 毫米×1092 毫米　32 开本　5.875 印张　127 千字
	2000 年 8 月第 1 版　2022 年 9 月第 12 次印刷
定　　　价:	16.00 元

未经许可,不得以任何方式复制或抄袭本书之部分或全部内容。
版权所有,侵权必究　举报电话: 010-62752024
电子邮箱: fd@pup.pku.edu.cn

出版前言

随着新世纪的到来,我国进入 WTO 后对外交往将会愈加频繁,科技的发展、经济的繁荣更需要懂得各种语言的精英。经过二十年的改革开放和对外交流,我国已经培养出众多掌握数种外语的人才,为国家的发展和建设作出了巨大的贡献。然而,由于历史上的种种原因,仍有不少读者虽精于外语的阅读和写作,但却苦于开口讲话,为无法说一口流利而标准的外语犯难。另外,由于中国在国际上的地位不断提高,来华进修汉语的外国友人的数量也日益增多,能说一口标准的普通话也是他们最大的愿望。

为适应广大中外读者希望巩固所学外语知识,掌握标准外语语音的特殊需要,北京大学出版社组织了北京大学、北京外国语大学、北京师范大学、北京语言文化大学数位有丰富教学经验的教授专家编写了这套"标准语音训练丛书"。

"标准语音训练丛书"包括《英语发音与纠音》、《法语发音与纠音》、《德语发音与纠音》、《日语发音与纠音》和《汉语发音与纠音》五种。通过有针对性的系统讲解、分专题练习,提供了学习相关外语时掌握各种语音发音的便捷方法。

丛书以读者为本进行设计。各书作者吸取传统语音教学的优点,改革了复杂而枯燥的全方位看口型图、跟读练发音的形式,通过易学易懂的讲解简化了深奥的理论,设计了多种形式的语音练习,尤其在中国学生学习相关外语以及外国学生学习汉语的发音难点方面下了很大的功夫。考虑到英语读者

大都有一定的语言基础,《英语发音与纠音》设计了专项语音练习,除单词练习外还包括短句和小对话的训练,内容从最鲜活的词汇到谚语警句,循序渐进,活泼有趣。另外,选有数首经典英语诗词和英语歌曲以飨读者。而法、德、日、汉这四个语种的基本对象为零起点读者,通过口型图从各个角度来讲授语音难点。为了增加实用性,全套各书均设计了50个实用短句,专供那些因出国旅游、公干而急需在短期内学会一些实用交际句型的读者活学活用。

为了方便自学,北京大学音像出版社特聘外国语言专家为该系列各语种录制了语音教学音带,供读者选购。

今后我们还将根据读者需要,在"标准语音训练丛书"基础上编辑出版一套包括英、法、德、日等语言在内的"即学即用外语120句"丛书,供那些需要短期出国一个月至半年的读者使用。此套书将在2000年年底出版,望读者予以多多关注。

本丛书由沈浦娜女士策划,得到了出版社主管副总编张文定先生、总编助理兼语言室主任郭力女士以及音像部主任张跃明先生的大力支持,先后参加本丛书编辑的有杜若明、徐刚先生,他们认真、严谨地编辑手稿,得到了作者的赞赏。

依托高校聚集的中关村地区,拥有丰富教学与研究经验的作者队伍,北大出版社在编写系列性的、多语种的简明实用外语口语读物方面具有一定的实力,数年前出版的外语实用口语三百句系列,长盛不衰,年年再版,至今已达14个语种,是一个成功的范例。我们真诚欢迎广大读者对此丛书提出批评意见和建议,以便在再版时修订,来信可直接寄各册责任编辑。

前　言

先有声音,后有语言。语音是人类传递信息的载体,发音是语言学习的基础。

学习一门外语,掌握听、说、读、写、译等各项技能,首先离不开正确的发音。一般来说,所谓发音主要指语音和语调。

语音语调不准确,会影响听力,无法正确接收外部信息;

语音语调不准确,说出的话别人听不懂,或听起来感到别扭、吃力;

语音语调不准确,常常会造成书写错误、计算机输入错误;

语音语调不准确,可能使本应胜任的口译工作美中不足。

语音语调十分重要,但掌握起来有一定的困难。不少人即使已有相当的日语水平,而在语音语调上仍有不尽人意之处。

为此,我们结合中国人在日语发音上容易出现的问题以及汉语与日语的区别,编写了这本《日本发音与纠音》,献给各位读者。可供专业或业余日语学习人员、工作人员训练、纠正发音之用,亦可供各类学校日语语音教学使用。

本书的内容包括:语音语调的学习;词调、句调的规则;重点、难点的纠音纠调训练。

书中编有大量练习,并配有录音磁带。另外还附有精选的50个常用语句。磁带由具有播音经验的东京籍人士录制。只要按照标注的词调、句调摹仿录音反复练习、熟记,定能在语音语调上有所提高。同时,还会带给你意外的收获——掌

握一批使用频率高的单词、实用性强的短句以及轻松幽默的成语。

可以说,外语学习始于发音,又以发音结束——在某种意义上,语音是完全掌握一门语言时需要攻克的最后一个堡垒。在入门阶段打好语音基础,就有了一个好的开端,或者可以说成功了一半;而若已经基本掌握了一门外语,如能进一步使自己的语音纯正、语调优美,则会锦上添花,有助于登上运用日语的新高峰。

愿本书助你一臂之力。

本书的出版有赖于北京大学出版社沈浦娜主任的筹划与组织。另外,在成书过程中有幸得到北京外国语大学续三义教授和日本神户大学定延利之副教授的指教,并得到日本国际交流基金会北京事务所加藤刚先生和日本国际文化フォーラム水口景子女士的帮助。承担排版工作的北京华伦公司图文制作中心付出了辛勤的劳动,在此一并表示衷心的感谢。

本书第二章的大部分口形图引自《教师用日语教育手册 发音》一书。在此谨向原作者日本国际交流基金会日语国际中心与原广岛大学教授今田滋子女士致谢。

由于我们的水平有限,书中定有疏漏及不妥之处,恳请批评指正。

编者
1999 年 10 月于北京师范大学

目 录

第一章 日语语音基础知识 …………………………… 1
  一 发音器官 ………………………………………… 1
  二 假名与发音 ……………………………………… 2
  三 词调 ……………………………………………… 3

第二章 日语发音 ……………………………………… 4
  一 元音和半元音 …………………………………… 4
    1. あ行元音 ……………………………………… 4
    2. や行半元音 …………………………………… 8
    3. わ行半元音 …………………………………… 9
  二 辅音 ……………………………………………… 11
    1. か行清辅音和が行浊辅音 …………………… 11
    2. さ行清辅音和ざ行浊辅音 …………………… 13
    3. た行清辅音和だ行浊辅音 …………………… 17
    4. は行、ぱ行清辅音和ば行浊辅音 …………… 20
    5. な行、ま行浊辅音 …………………………… 25
    6. ら行浊辅音 …………………………………… 28
  三 其他 ……………………………………………… 30
    1. 拨音 …………………………………………… 30
    2. 促音 …………………………………………… 33
    3. 长音 …………………………………………… 35

  4．拗音 …………………………………………… 39

  5．拗长音、拗拨音、拗促音 ……………………… 40

第三章　语音纠正与练习 ………………………………… 42

 一　元音 ……………………………………………… 42

  1．け≠剋！　こ≠抠！（え段・お段）…………… 42

  2．け≠开！　三年(さんねん)≠千年(せんねん)！（え段＆あ段）…… 46

  3．散文(さんぶん)≠三本(さんぼん)！　嫁(よめ)≠夢(ゆめ)！（う段＆お段）…… 48

  4．行けません＆行きません（え段＆い段）…… 52

  5．～ます≠～吗斯（元音清化）………………… 54

  6．愛（あい）≠爱（ai）（元音连读）……………… 56

 二　辅音 ……………………………………………… 59

  1．爸爸、パパ、ばば（清音＆浊音）……………… 59

  2．かか、たた、ぱぱ（送气音＆不送气音）……… 61

  3．かかく＆かがく（が行鼻音）………………… 63

  4．なく、らく、だく ……………………………… 66

  5．せ≠세　（歇）[せんせい（先生）

   ≠しぇんしぇい] ……………………………… 69

  6．し≠西≠she ………………………………… 69

 三　几种比较难读的音 ……………………………… 71

  1．おばあさん＆おばさん［奶奶＆阿姨］

   （长音）………………………………………… 71

  2．かっこ＆かこ［括弧＆过去］（促音）………… 73

  3．かかく＆かんかく［价格＆感觉］（拨音）…… 75

  4．びょういん＆びよういん［医院＆美容院］

   （拗音）………………………………………… 77

第四章 日语词调 ·· 80
 一 词调 ABC ·· 80
  1. 日语词调的特点 ······························ 80
  2. 日语词调的标注方法 ························· 81
  3. 日语词调的类型 ······························ 83
 二 名词的词调 ·· 84
  1. 名词后续助词、助动词时的词调 ··········· 85
  2. 复合名词的词调 ······························ 90
  3. 派生名词的词调 ······························ 92
  4. 外来语名词的词调 ···························· 98
 三 数词的词调 ·· 99
 四 动词的词调 ·· 105
  1. 动词后续助词、助动词时的词调 ··········· 105
  2. 复合动词的词调 ······························ 112
 五 形容词的词调 ····································· 117
  1. 形容词活用形以及后续助词、助动词时的词调 ·· 118
  2. 形容词连用形后接"なる""する"时的词调 ·· 121
  3. 形容词词干后接"さ""み"时的词调 ······· 122
  4. 复合形容词的词调 ···························· 123
 六 形容动词的词调 ·································· 126
  1. 形容动词及其活用形的词调 ·················· 126
  2. 形容动词词干后接"さ""み"时的词调 ····· 127
 七 词调的特殊变化 ·································· 128
第五章 词调纠正与练习 ··························· 132

一　拍与词调……………………………………… 132
　1. 古池や　蛙飛び込む　水の音 ……………… 132
　2. "ペットを飼う"? "ペットを買う"? ………… 135
二　日、汉、英词调小析………………………… 138
　1. 日语"ま"与汉语"ma" ……………………… 138
　2. 日语"テスト"与英语"test" ……………… 140
三　几种中国人不易掌握的日语词调类型……… 142
四　"日本語"的词调怎么读?…………………… 143
五　助词、助动词与词调 ………………………… 146
　1. "弟です"的词调是"おとうとです"
　　　还是"おとうとです"? ……………………… 146
　2. "与える"的被动式词调是"あたえられる"
　　　还是"あたえられる"? …………………… 148
　3. "～ください"的词调怎么读? ……………… 150

第六章　日语句调……………………………… 153
一　句调与词调…………………………………… 153
二　日语句尾语调的类型………………………… 156
　1. 升调 …………………………………………… 156
　2. 降调 …………………………………………… 157
　3. 平调 …………………………………………… 158
三　语句重音……………………………………… 160
四　句调纠正与练习……………………………… 163
　1. "いいですね"(↑)和"いいですね(↓)" ……… 163
　2. "そうですか"怎么读? ……………………… 164
　3. "ここでけっこうです"还是"ここでけっこう

です"? …………………………………… 167
  4. 句子中什么成分应该轻读? …………… 168
结束语　日语发音要点小结………………………… 170
附　录　实用短句…………………………………… 171
主要参考文献………………………………………… 174

第一章 日语语音基础知识

一 发音器官

您是否想过我们说话的声音是怎样发出的吗？简而言之，它是由口或鼻吸入的空气，到达肺部后，再由肺部呼出，气流途经气管、喉部、口腔或鼻腔时，或畅通无阻，或在某个部位受到阻塞，从而形成各种语音。

气流不受发音器官的阻碍，仅由舌位（舌面的高低、前后）、口形（的大小）调节发出的声带振动的音为**元音**；在发音器官的某个部位以某种方式受到并克服阻碍而发出的音为**辅音**，声带振动者为浊辅音，声带不振动者为清辅音；介于二者之间的习惯称为**半元音**。

1. 上下唇
2. 上下齿
3. 上下齿龈
4. 舌尖
5. 舌叶
6. 舌面前
7. 舌面中
8. 舌面后
9. 硬腭
10. 软腭
11. 小舌
12. 口腔
13. 鼻腔
14. 咽头
15. 喉头
16. 声带
17. 气管
18. 食道

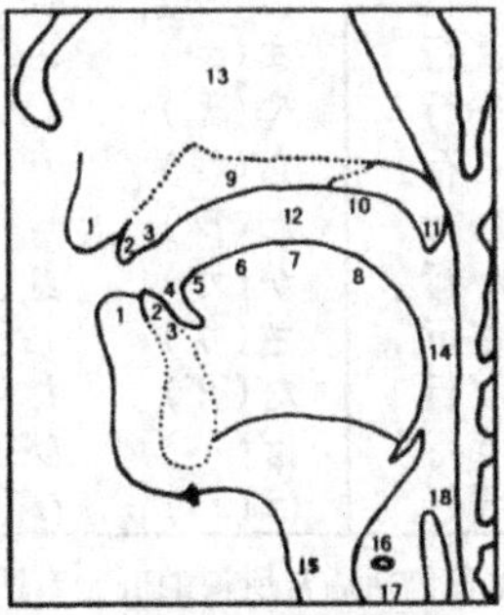

图 1 发音器官部位图及各个部位的名称

二 假名与发音

日语的字母叫假名。一个假名是一个发音单位,大部分由一个辅音和一个元音构成。因此,日语基本上属于开音节(以元音结尾)语言。

现代日语共有 70 个假名。以 5 个元音假名为纵轴(命名为**段**),以辅音与 5 个元音相拼而成的假名为横轴(命名为**行**),组成日语的假名表。

假名有两种字体——平假名和片假名。表中括号内为片假名。

日语假名表

段 行	あ段	い段	う段	え段	お段
あ行	あ(ア)	い(イ)	う(ウ)	え(エ)	お(オ)
か行	か(カ)	き(キ)	く(ク)	け(ケ)	こ(コ)
さ行	さ(サ)	し(シ)	す(ス)	せ(セ)	そ(ソ)
た行	た(タ)	ち(チ)	つ(ツ)	て(テ)	と(ト)
な行	な(ナ)	に(ニ)	ぬ(ヌ)	ね(ネ)	の(ノ)
は行	は(ハ)	ひ(ヒ)	ふ(フ)	へ(ヘ)	ほ(ホ)
ま行	ま(マ)	み(ミ)	む(ム)	め(メ)	も(モ)
や行	や(ヤ)		ゆ(ユ)		よ(ヨ)
ら行	ら(ラ)	り(リ)	る(ル)	れ(レ)	ろ(ロ)
わ行	わ(ワ)				を(ヲ)
が行	が(ガ)	ぎ(ギ)	ぐ(グ)	げ(ゲ)	ご(ゴ)
ざ行	ざ(ザ)	じ(ジ)	ず(ズ)	ぜ(ゼ)	ぞ(ゾ)
だ行	だ(ダ)	ぢ(ヂ)	づ(ヅ)	で(デ)	ど(ド)
ば行	ば(バ)	び(ビ)	ぶ(ブ)	べ(ベ)	ぼ(ボ)
ぱ行	ぱ(パ)	ぴ(ピ)	ぷ(プ)	ぺ(ペ)	ぽ(ポ)

注:此表包括通常所说的五十音图以及浊音、半浊音图。拨音、促音、拗音等按特殊音处理,未列入表中。

三　词调

日语词语发音的高低变化,叫做アクセント,一般日语教材多译为声调或音调。本书拟称作词调。

日语的词调变化发生在词中的假名之间。

我国一般采用数码法标注词调。如：

⓪ 表示第一个假名低读,其后的假名音调升高,并在同一高度高读。

① 表示第一个假名高读,其后的假名音调降低,并在同一高度低读。

② 表示第二个假名高读,其前后的假名低读。

③ 表示第二、三个假名高读,其前后的假名低读。

④ 表示第二、三、四个假名高读,其前后的假名低读。

以此类推。

第二章　日语发音

一　元音和半元音

1. あ行元音

发音时声带振动而气流不受发音器官阻塞的是元音(日语称为母音)。

发元音要注意三点：
  a. 舌位的高低、前后；
  b. 开口度的大小；
  c. 唇形的圆展。

日语共有五个元音。

平假名	あ	い	う	え	お
片假名	ア	イ	ウ	エ	オ
国际音标	[ɑ]	[i]	[ɯ]	[e]	[o]

あ[ɑ]
发音要领：双唇肌肉放松，舌头放低并稍向里缩。开口度比汉语的[ɑ]小。

(图 2 [a])

い[i]

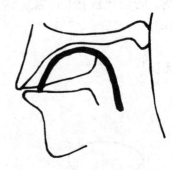

(图 3 [i])

发音要领：前舌面向硬腭隆起，舌尖向下略微触及下齿龈。唇部和舌部肌肉较为放松。舌位在日语五个元音里属最高，但比汉语的[i]略低。纵向开口度与汉语[i]大体相仿，横向开口度略小。

う[ɯ]

(图4 [ɯ])

发音要领:后舌面隆起近软腭,开口度比[i]略小,双唇自然合拢。舌位比汉语[u]靠前偏低。注意不要发成英语的圆唇[u]。

え[e]

(图5 [e])

发音要领:前舌面隆起,舌尖抵住下齿。舌位比[i]低。开口

度位于[i]和[a]之间。双唇略向两侧展开,舌部肌肉略微紧张,发音时舌位不要滑动,要保持口形不变。

お[o]

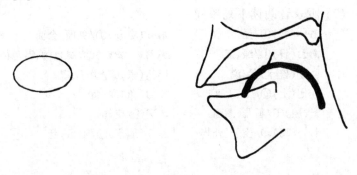

(图6 [o])

发音要领:舌向后缩,后舌面隆起。舌位高度处于[ɯ]与[a]之间。唇部收缩为椭圆形。唇、舌部肌肉略微紧张,保持舌位、口形不滑动。

以上五个元音的侧面舌位示意图如下:

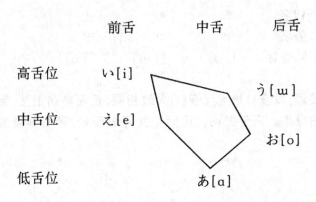

[a]　　[i]　　[ɯ]　　[e]　　[o]

(1) 听录音反复朗读下列假名

あえい　　いえあ　　あおう　　うおあ
あえいう　　えおあお　　あいうえお

(2) 听录音朗读下列单词

あい(愛)①/爱　　　　　あう(会う)①/见面、会面
あお(青)①/绿、蓝　　　あおい(青い)②/绿色的、蓝色的
いう(言う)⓪/说　　　　いえ(家)②/房子、家
うえ(上)⓪/上、上面　　うお(魚)⓪/鱼
え(絵)①/画儿、图画　　エア①/空气
おい(甥)⓪/侄子、外甥　おう(追う)⓪/追、追赶

青_{あお}い家_{いえ}　　　青_{あお}い魚_{うお}
青_{あお}い絵_え

2. や行半元音

や行3个假名由半元音[j]分别与元音[a][ɯ][o]相拼而成。

平假名	や	ゆ	よ
片假名	ヤ	ユ	ヨ
国际音标	[ja]	[jɯ]	[jo]

发音要领：发音口形与元音[i]大致相同,舌面略向上抬,带有微弱的摩擦。声带振动。比元音发得短而轻,带有辅音的性质。

[j]

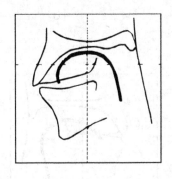

(图7 [j])

[j]:[ja] [jɯ] [jo]

(1) 听录音反复朗读下列假名

やゆよ　　よゆや　　　やよゆ
ゆよや　　やゆよゆ　　よやゆや

(2) 听录音朗读下列单词

や(矢)①/箭　　　　　　　　あや②/花纹
いや(嫌)②/不愿意,不喜欢　　おや(親)②/父母
ゆ(湯)①/热水、开水、洗澡水　あゆ①/香鱼
よい(良い)①/好　　　　　　　八百屋(やおや)⓪/蔬菜水果商店
よい湯(ゆ)　　　　　　　　　よい八百屋(やおや)

3. わ行半元音

わ行假名"わ"由半元音[w]与元音[ɑ]相拼而成。'を'的发音同'お'。

　　平假名　　　わ　　　を

片假名　　　　ワ　　　　ヲ
国际音标　　　[w a]　　 [o]

[w]

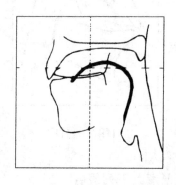

(图8　[w])

发音要领：发音口形与元音[ɯ]大致相同。双唇略微合拢，产生轻微的摩擦。声带振动。比元音发得短而轻，带有辅音的性质。

[w]：[w a]
(1) 听录音反复朗读下列假名
　　わえい　　いえわ　　わをう　　うをわ
　　わえいう　　えをわを　　わいうえを
(2) 听录音朗读下列单词
　　あわ(泡)②/泡沫　　　　　いわ(岩)②/岩石
　　いわう(祝う)②/祝贺、庆祝　よわい(弱い)②/弱
　　わ(輪)①/圈、环　　　　　ワイヤ⓪/电线、电缆

二 辅音

发音时气流受到发音器官阻塞的是辅音(日语称为子音)。辅音根据发音时声带振动与否分为浊辅音(日语称为有声音)和清辅音(日语称为无声音)。

发辅音要注意形成阻塞的<u>器官</u>和<u>部位</u>以及形成并克服阻塞的<u>方式</u>。

1. か行清辅音和が行浊辅音

1) か行

か行5个假名由清辅音[k]分别与[a][i][ɯ][e][o]相拼而成。

平假名	か	き	く	け	こ
片假名	カ	キ	ク	ケ	コ
国际音标	[ka]	[ki]	[kɯ]	[ke]	[ko]

[k]

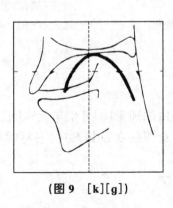

(图9 [k][g])

发音要领：后舌隆起顶住软腭，形成阻塞，然后使气流冲破阻塞而出。声带不振动。

＊与前元音[i][e]相拼时，受其影响，舌位稍有前移。

🔲 [k]:[kɑ] [ki] [kɯ] [ke] [ko]

（1）听录音反复朗读下列假名

かけき　きけか　かこく　くこか
かけきく　けこかこ　かきくけこ

（2）听录音朗读下列单词

かく(書く)①/写　　　かき(柿)⓪/柿子
かこ(過去)①/过去　　こく(酷)①/苛刻、严酷
こけ(苔)②/青苔　　　ここ⓪/这里

（3）听录音朗读下列单词

あかい(赤い)⓪/红、红的　　あき(秋)①/秋天
いく(行く)⓪/去　　　　　　いけ(池)②/池塘
えき(駅)①/火车站、地铁站　おき(沖)⓪/海上、洋面
おく(置く)⓪/放、搁　　　　かう(買う)⓪/买
かお(顔)⓪/脸　　　　　　　きおく(記憶)⓪/记忆
ケア①/照料　　　　　　　　けう(稀有)①/稀有
こい(鯉)①/鲤鱼　　　　　　こえ(声)①/声音

あおいけ　　　　　　　　　あかいかお
青い池　　　　　　　　　　赤い顔
あおいかき　　　　　　　　あかいこい
青い柿　　　　　　　　　　赤い鯉

2）が行

が行5个假名由浊辅音[g]分别与元音[ɑ][i][ɯ][e][o]相拼而成。与五十音图的か行相对应，书写时在假名右上角标上浊音符号「゛」。

平假名　　が　　ぎ　　ぐ　　げ　　ご

片假名	ガ	ギ	グ	ゲ	ゴ
国际音标	[gɑ]	[gi]	[gɯ]	[ge]	[go]

[g]

发音要领：发音部位、方法和か行清辅音[k]相同。区别在于声带要振动。(见图9)

＊が行假名位于词中或词尾时,按传统标准话读音规则辅音[g]发成鼻音[ŋ]。此时后舌顶住软腭,使气流从鼻腔流出。

[g]:[gɑ] [gi] [gɯ] [ge] [go]

(1) 听录音反复朗读下列假名
がげぎ　ぎげが　がごぐ　ぐごが
がげぎぐ　げごがご　がぎぐげご

(2) 听录音朗读下列单词
がいこく(外国)⓪/外国　　がいか(外貨)①/外币、外汇
がか(画家)⓪/画家　　　　ギア①/齿轮
ぎかい(議会)①/议会　　　ぐあい(具合)⓪/情况、状态
げき(劇)①/戏剧　　　　　ごい(語彙)①/词汇

(3) 听录音朗读下列单词
ごがく(語学)①外语(学习)　けが(怪我)②/受伤、伤
かいぎ(会議)①/会议、会　　かぐ(家具)①/家具
すぐ①/立刻、马上　　　　　ゆげ(湯気)①/蒸汽、热气
すごい②/厉害、惊人　　　　ごご(午後)①/下午

2. さ行清辅音和ざ行浊辅音

1) さ行

さ行5个假名分别由清辅音[s]与元音[a][ɯ][e][o]、清辅音[ʃ]和元音[i]相拼而成。

平假名	さ	し	す	せ	そ
片假名	サ	シ	ス	セ	ソ
国际音标	[sa]	[ʃi]	[sɯ]	[se]	[so]

[s]

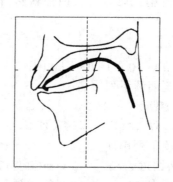

(图10 [s][z])

发音要领：舌尖靠近上齿和上齿龈，形成一条狭窄的缝隙，气流摩擦而出。声带不振动。

＊和元音[ɯ]相拼时，元音[ɯ]受其影响，舌位略有前移。

[ʃ]

发音要领：舌叶抬起接近上齿龈和硬腭，形成一条狭窄的缝隙，气流摩擦而出。声带不振动。

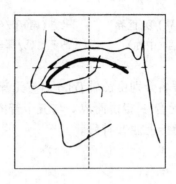

(图 11 [ʃ][ʒ])

[s]:[sɑ] [sɯ] [se] [so]
[ʃ]:[ʃi]

(1) 听录音反复朗读下列假名

さセし　しセさ　さそす　すそさ
させしす　せそさそ　さしすせそ

(2) 听录音朗读下列单词

さす(指す)①/指、针对　　　しし(獅子)①/狮子
しそ⓪/紫苏　　　　　　　すし(鮨)②①/寿司
すす(煤)①②/吊尘、煤烟子　すそ⓪/底襟、山脚

(3) 听录音朗读下列单词

あさ(朝)①/早晨　　　　あす(明日)②/明天
あし(足)②/腿、脚　　　いし(石)②/石头
いす(椅子)⓪/椅子　　　うすい(薄い)⓪/薄、薄的
うそ(嘘)①/假话　　　　おす(押す)⓪/推、按
おそい(遅い)⓪/晚、迟　かさ(傘)①/雨伞
かす(貸す)⓪/借给　　　けす(消す)⓪/擦掉、灭
さけ(酒)⓪/酒　　　　　しあわせ(幸せ)⓪/幸福
しお(塩)②/盐　　　　　しか(鹿)②/鹿

せかい(世界)①/世界　　　　せき(席)①/坐位
そこ⓪/那里(中称)　　　　　あそこ⓪/那里(远称)

2) ざ行

ざ行5个假名分别由浊辅音[dz]与元音[a][ɯ][e][o]、浊辅音[dʒ]与元音[i]相拼而成。与五十音图的さ行相对应，在假名的右上角标上浊音符号。

平假名　　ざ　　じ　　ず　　ぜ　　ぞ
片假名　　ザ　　ジ　　ズ　　ゼ　　ゾ
国际音标　[dza]　[dʒi]　[dzɯ]　[dze]　[dzo]

[dz]

（口形参照图12[d]→图10[z]）
发音要领：舌尖抵住上齿，形成阻塞，然后略微放开，使气流从缝隙中摩擦而出。声带振动。

[dʒ]

（口形参照图12[d]→图11[ʒ]）
发音要领：舌叶抵住上齿龈，形成阻塞，然后略微放开，使气流从缝隙中摩擦而出。声带振动。

＊[dz][dʒ]位于词中词尾时，有时发成[z][ʒ]。

[z]

发音要领：发音部位、方法与さ行清辅音[s]相同。区别在于声带要振动。（见图10[z]）

[ʒ]

发音要领：发音部位、方法与さ行清辅音[ʃ]相同。区别在于声带要振动。（见图11[ʒ]）

[dz]:[dzɑ] [dzɯ] [dze] [dzo]
[dʒ]:[dʒi]

(1) 听录音反复朗读下列假名

ざぜじ　じぜざ　ざぞず　ずぞざ
ざぜじず　ぜぞざぞ　ざじずぜぞ

(2) 听录音朗读下列单词

ざせき(座席)⓪/坐位、席位　　じこ(事故)①/事故
ずし(図示)①/图解　　　　　　ぞくご(俗語)⓪/俗语
あざ(痣)②/痣　　　　　　　　あじ(味)⓪/味道
かじ(火事)①/火灾　　　　　　アジア①/亚洲
かず(数)①/数、数量　　　　　しずか(静か)①/安静
すず(鈴)⓪/铃铛　　　　　　　サイズ①/尺寸
かぜ(風)⓪/风　　　　　　　　かぞく(家族)①/家人

3. た行清辅音和だ行浊辅音

1) た行

た行5个假名分别由清辅音[t]与元音[ɑ][e][o]、清辅音[tʃ]与元音[i]、清辅音[ts]与元音[ɯ]相拼而成。

平假名	た	ち	つ	て	と
片假名	タ	チ	ツ	テ	ト
国际音标	[tɑ]	[tʃi]	[tsɯ]	[te]	[to]

[t]

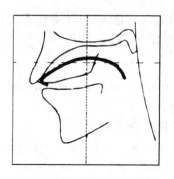

(图 12 [t][d])

发音要领：舌尖抵住上齿龈，形成阻塞，然后使气流冲破阻塞而出。声带不振动。

[tʃ]

（口形参照图 12[t]→图 11[ʃ]）

发音要领：舌叶抵住上齿龈，形成阻塞，然后略微放开，使气流从缝隙中摩擦而出。声带不振动。

[ts]

（口形参照图 12[t]→图 10[s]）

发音要领：舌尖抵住上齿，形成阻塞，然后略微放开，使气流从缝隙中摩擦而出。声带不振动。

　　＊与元音[ɯ]相拼时，元音[ɯ]受其影响舌位略有前移。

[t]：　[ta] [te] [to]
[tʃ]：　[tʃi]

[ｔｓ]：[ｔsɯ]
(1) 听录音朗读下列假名
   たてち　ちてた　たとつ　つとた
   たてちつ　てとたと　たちつてと
(2) 听录音念单词
   たつ(立つ)①/站、站立　　たて(縦)①/竖
   て(手)①/手　　　　　　とち(土地)⓪/土地
(3) 听录音朗读单词
   たかい(高い)②/高、贵　　かたい(硬い)⓪/硬
   うた(歌)②/歌　　　　　いち(一)②/一
   うち(内)⓪/里面,内部　　いつ①/什么时候
   あつい(暑い)②/(天气)热　あいて(相手)③/对方
   てき(敵)⓪/敌人　　　　　そと(外)①/外面
   とき(時)②/时、时候　　　とし(年)②/年、年龄

   高い土地　　　　　　　　硬い椅子
   暑い時　　　　　　　　　よい歌

2) だ行

だ行5个假名分别由浊辅音[d]与元音[a][e][o]、浊辅音[dʒ]与元音[i]、浊辅音[dz]与元音[ɯ]相拼而成。与五十音图的た行相对应,在假名的右上角标上浊音符号。假名ぢ、づ的发音分别与ざ行假名じ、ず完全相同。

平假名	だ	ぢ	づ	で	ど
片假名	ダ	ヂ	ヅ	デ	ド
国际音标	[dɑ]	[dʒi]	[dzɯ]	[de]	[do]

[d]

发音要领：发音部位、方法与た行清辅音[t]完全相同。区别在于声带要振动。(见图 12[d])

[d]：[dɑ] [de] [do]
[dʒ]：[dʒi]
[dz]：[dzɯ]

(1) 听录音反复念下列假名
　　だでぢ　　ぢでだ　　だどづ　　づどだ
　　だでぢづ　　でどだど　　だちづでど
(2) 听录音念下列单词
　　だいがく(大学)⓪/大学　　　　じだい(時代)⓪/时代
　　ちかづく(近づく)③/临近、接近　つづく(続く)⓪/持续、连续
　　でぐち(出口)①/出口　　　　　うで(腕)⓪/胳膊、本领
　　ドア①/屋门　　　　　　　　　かど(角)①/角、拐角

4. は行、ぱ行清辅音和ば行浊辅音

1) は行

は行5个假名分别由清辅音[h]与元音[ɑ][e][o]、清辅音[ç]与元音[i]、清辅音[Φ]和元音[ɯ]相拼而成。

平假名	は	ひ	ふ	へ	ほ
片假名	ハ	ヒ	フ	ヘ	ホ
国际音标	[hɑ]	[çi]	[Φɯ]	[he]	[ho]

[h]

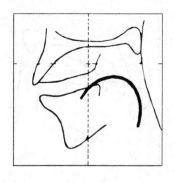

(图13 [h])

发音要领:口张开,使气流从声门摩擦而出。声带不振动。发音器官尽量放松,呼气不要太强。

[ç]

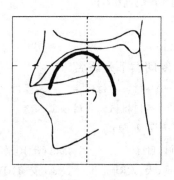

(图14 [ç])

发音要领:中舌面鼓起接近硬腭,使气流从中间摩擦而出。声带不振动。

[ɸ]

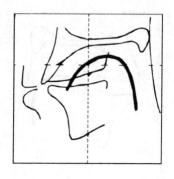

(图15 [ɸ])

发音要领：双唇接近形成缝隙，使气流从其间摩擦而出。声带不振动。

[h]:[hɑ][he][ho]
[ç]:[çi]
[Φ]:[Φɯ]

(1) 听录音反复朗读下列假名
はへひ　ひへは　ははほふ　ふほは
はへひふ　へほはほ　はひふへほ

(2) 听录音朗读下列单词
は(葉)⓪/叶、叶子　　　はは(母)①/母亲
ひ(日)⓪/日、天、太阳　　ひふ(皮膚)①/皮肤
ほ(帆)①/帆

(3) 听录音朗读下列单词
はこ(箱)⓪/盒子、箱子　　はし(箸)①/筷子
ひく(引く)⓪/拉、曳　　　ひと(人)⓪/人
ひゆ(比喩)①/比喻　　　　ふゆ(冬)②/冬天、冬季

へた(下手)②/拙劣、笨拙　　へや(部屋)②/房间
ほか(他)⓪/其他　　　　　ほし(星)⓪/星星
さいふ(財布)⓪/钱包　　　あさひ(朝日)①/朝阳

2) ぱ行

ぱ行 5 个假名由清辅音[p]分别与元音[a][i][ɯ][e][o]相拼而成。日语习惯上称为半浊音，书写时，在は行 5 个假名右上角标上半浊音符号「゜」。

平假名　　ぱ　　ぴ　　ぷ　　ぺ　　ぽ
片假名　　パ　　ピ　　プ　　ペ　　ポ
国际音标　[pɑ]　[pi]　[pɯ]　[pe]　[po]

[p]

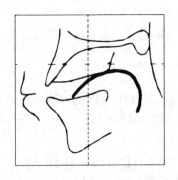

(图16　[p][b])

发音要领：双唇紧闭，形成阻塞。然后使气流冲破阻塞而出。声带不振动。

[p]：[pɑ] [pi] [pɯ] [pe] [po]

(1) 听录音反复朗读下列假名
　　ぱぺぴ　　ぴぺぱ　　ぱぽぷ　　ぷぽぱ
　　ぱぺぴぷ　　ぺぱぱぽ　　ぱぴぷぺぱ

(2) 听录音朗读下列单词
　　パス①/合格、通过　　　　ピザ①/比萨饼
　　ピアノ⓪/钢琴　　　　　　パイプ/⓪管子、烟斗
　　ポスト①/邮筒、职位　　　ぱたぱた①/哗啦哗啦
　　ぺこぺこ⓪/(肚子)空瘪　　ぽかぽか①/暖洋洋

3) ば行

ば行5个假名由浊辅音[b]分别与元音[a][i][ɯ][e][o]相拼而成。书写时,在は行5个假名右上角标上浊音符号。

平假名	ば	び	ぶ	べ	ぼ
片假名	バ	ビ	ブ	ベ	ボ
国际音标	[bɑ]	[bi]	[bɯ]	[be]	[bo]

[b]

发音要领:发音部位、方法与ぱ行清辅音[p]完全相同。区别在于声带振动。(见图16[b])。

[b]:[bɑ] [bi] [bɯ] [be] [bo]

(1) 听录音反复朗读下列假名
　　ばべび　　びべば　　ばぼぶ　　ぶぼば
　　ばべびぶ　　べぼばぼ　　ばびぶべぼ

(2) 听录音朗读下列单词
　　バス①/公共汽车、浴室　　ビデオ①/录像
　　ビザ①/签证　　　　　　　ぶじ(無事)⓪/平安无事

24

べつ(別)⓪/另外　　　　ほこく(母国)①/祖国
たばこ(煙草)⓪/香烟　　そば(側)①/旁边
えび⓪/虾　　　　　　　へび①/蛇
とぶ(飛ぶ)⓪/飞、跳　　あそぶ(遊ぶ)⓪/玩
かぶ(株)⓪/股票　　　　かべ(壁)⓪/墙

5. な行、ま行浊辅音

1) な行

な行5个假名分别由浊辅音[n]与元音[ɑ][ɯ][e][o],浊辅音[ɲ]和元音[i]相拼而成。

平假名　　な　　に　　ぬ　　ね　　の
片假名　　ナ　　ニ　　ヌ　　ネ　　ノ
国际音标　[nɑ]　[ɲi]　[nɯ]　[ne]　[no]

[n]

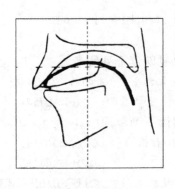

(图17 [n])

发音要领:舌尖抵住上齿龈,形成阻塞,使气流从鼻腔流出。

声带振动。

[ɲ]

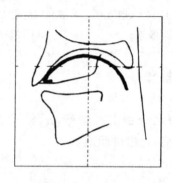

(图18 [ɲ])

发音要领:舌面中部抵住硬腭,形成阻塞,使气流经鼻腔流出。声带振动。

[n]:[nɑ] [nɯ] [ne] [no]
　[ɲ]:[ɲi]
(1) 听录音反复朗读下列假名
　　なねに　　にねな　　なのぬ　　ぬのな
　　なねにぬ　ねのなの　　なにぬねの
(2) 听录音朗读下列单词
　　なに(何)①/什么　　　なな(七)①/七
　　に(二)①/二　　　　　ぬの(布)⓪/布
　　ね(根)①/根　　　　　の(野)①/田野、原野
(3) 听录音朗读下列单词
　　なく(泣く)⓪/哭　　　なつ(夏)②/夏天

にく(肉)②/肉　　　にし(西)⓪/西
ぬう(縫う)①/缝　　あね(姉)⓪/姐姐
あに(兄)①/哥哥　　あなた②/你
いぬ(犬)②/狗　　　ねこ(猫)①/猫
くに(国)⓪/国;家乡　この⓪/这个
さかな(魚)⓪/鱼　　しぬ(死ぬ)⓪/死
たに(谷)②/山谷　　たね(種)①/种子

2) ま行

ま行5个假名由浊辅音[m]分别与元音[a][i][ɯ][i][o]相拼而成。

平假名　　ま　　　み　　　む　　　め　　　も
片假名　　マ　　　ミ　　　ム　　　メ　　　モ
国际音标　[mɑ]　[mi]　[mɯ]　[me]　[mo]

[m]

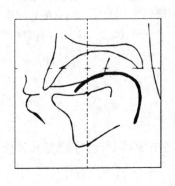

(图19　[m])

发音要领：双唇紧闭形成阻塞,使气流从鼻腔流出。声带振

动。

[m]:[mɑ] [mi] [mɯ] [me] [mo]
(1) 听录音反复朗读下列假名
　　まめみ　　みめま　　まもむ　　むもま
　　まめみむ　　めもまも　　まみむめも
(2) 听录音朗读下列单词
　　まめ(豆)②/豆子　　　みみ(耳)②/耳朵
　　め(目)①/眼睛　　　　もむ(揉む)⓪/揉、搓
　　もも(桃)⓪/桃
(3) 听录音朗读下列单词
　　いま(今)①/现在　　　あまい(甘い)⓪/甜
　　まち(町)②/城镇、大街　うみ(海)①/海
　　かみ(紙)②/纸　　　　みせ(店)②/商店、店铺
　　みち(道)⓪/路、道路　　さむい(寒い)②/(天气)冷、寒冷
　　むすこ(息子)⓪/儿子　　むすめ(娘)③/女儿
　　あめ(雨)①/雨　　　　うめ(梅)⓪/梅
　　おもい(重い)⓪/重、沉　にもつ(荷物)①/行李、货物
　　あま　もも　　　　　　さむ　ひ
　　甘い桃　　　　　　　　寒い日
　　おも　にもつ
　　重い荷物

6. ら行浊辅音

ら行5个假名由浊辅音[ɾ]分别与元音[ɑ][i][ɯ][e][o]相拼而成。

　　平假名　　ら　　　り　　　る　　　れ　　　ろ
　　片假名　　ラ　　　リ　　　ル　　　レ　　　ロ

国际音标 [ɾa] [ɾi] [ɾɯ] [ɾe] [ɾo]

[ɾ]

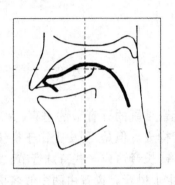

(图20 [ɾ])

发音要领：舌叶接触上齿龈或硬腭，在气流冲出时轻弹一下。声带振动。注意不要发成汉语拼音 r 或英语音标 r 的音。

📼 [ɾ]:[ɾa] [ɾi] [ɾɯ] [ɾe] [ɾo]

（1）听录音反复朗读下列假名

られり　　りれら　　らろる　　るろら

られりる　　れろらろ　　らりるれろ

（2）听录音朗读下列单词

そら(空)①/天空　　　　さくら(桜)⓪/樱花

とり(鳥)⓪/鸟　　　　　もり(森)⓪/森林

はる(春)①/春天　　　　よる(夜)①/夜晚

るす(留守)①/不在家　　これ⓪/这，这个

はれる(晴れる)②/晴　　いろ(色)②/颜色

しろい(白い)②/白、白的　くろい(黒い)②/黑、黑的

29

ろく(六)②/六　　　　はらはら①/扑簌簌(飘落)
くるくる①/滴溜溜(转)　　ころころ①/咕噜咕噜(滚)
青い空　　　　　　　　白い雪
黒い森

三　其他

日语属于元音结尾的开音节的语言,大部分音节由一个辅音加一个元音构成。但是,历史上由于拼读汉字词的需要,产生了拨音、促音、长音这样一些特殊音节。同样出于拼读汉字词的需要,产生了拗音。拗音由两个假名拼读为一个音节。

日语连续发音时,每个音节的音长大致相等。这种等长的时间单位叫做"拍"。拨音、促音、长音为特殊音节,各占二拍。

1. 拨音

拨音用"ん"表示,属于鼻辅音。但是不会出现在单词的开头,只能附在其他假名的后面共同构成特殊音节。

平假名　　　ん
片假名　　　ン
国际音标　　[N]

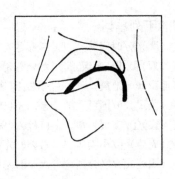

(**图 21** ［N］)

发音要领：小舌下垂，后舌面抬高。二者靠近，堵住口腔通道，使气流从鼻腔流出。

＊这种鼻音为小舌鼻音，只出现在词尾或句尾。由于受到前面元音的影响，发音部位会稍有变化。接在前元音［i］［e］后面时，发音部位前移。

［N］

(1) 听录音朗读下列拨音

あん	かん	さん	たん	なん
はん	まん	やん	らん	わん
いん	きん	しん	ちん	にん
ひん	みん	いん	りん	いん
うん	くん	すん	つん	ぬん
ふん	むん	ゆん	るん	うん
えん	けん	せん	てん	ねん
へん	めん	えん	れん	えん
おん	こん	そん	とん	のん
ほん	もん	よん	ろん	おん

(2) 听录音念下列单词

じかん(時間)⓪/时间	みなさん②/大家、诸位
ごはん(ご飯)①/饭、米饭	たいきん(退勤)⓪/下班
じしん(地震)⓪/地震	やちん(家賃)①/房租
こくみん(国民)⓪/国民	きぶん(気分)①/心情、感觉
しえん(支援)①/支援	ほけん(保険)⓪/保险
ばいてん(売店)⓪/小卖店	らいねん(来年)⓪/明年
こくれん(国連)⓪/联合国	はつおん(発音)⓪/发音
リモコン⓪/遥控	ふとん(蒲団)⓪/被褥
にほん(日本)②/日本	ぶもん(部門)①/部门
けつろん(結論)⓪/结论	
ばつぐん(抜群)⓪/出类拔萃、超群	

＊出现在词中或句中的拨音，由于受到紧接其后的音节影响，发音部位、方法有所不同。主要有以下几类。

1) 位于辅音[m][b][p]前面时，发双唇鼻音[m]；
2) 位于辅音[n][t][d][ɾ][dz]前面时，发舌尖鼻音[n]；
3) 位于辅音[k][g]前面时，发后舌鼻音[ŋ]；
4) 位于辅音[s][h]、元音、半元音前面时，一般发鼻化元音。软腭与后舌轻轻接触，但不完全关闭口腔通道，而是留出一条窄缝，使气流从鼻腔和口腔同时呼出。

听录音朗记下列单词

(1) 双唇鼻音[m]

にんむ(任務)①/任务	ちんもく(沈黙)⓪/沉默
コンビニ⓪/便民店	こんぶ(昆布)①/海带
きんべん(勤勉)⓪/勤奋	しんぱい(心配)⓪/担心

えんぴつ(鉛筆)⓪/铅笔　　こんぽん(根本)⓪/根本

(2) 舌尖鼻音[n]

おんな(女)③/女人　　にんにく⓪/大蒜
ほんね(本音)⓪/真心话　だんたい(団体)⓪/团体
パンダ①/熊猫　　　　こんど(今度)①/此次
れんらく(連絡)⓪/联系　べんり(便利)①/方便
かんじ(漢字)⓪/汉字　　みんぞく(民族)①/民族

(3) 后舌鼻音[ŋ]

ぶんか(文化)①/文化　　てんき(天気)①/天气
インク⓪/墨水　　　　しんけん(真剣)⓪/认真
れんこん(蓮根)⓪/藕　　まんが(漫画)⓪/漫画
おんがく(音楽)①/音乐　たんご(単語)⓪/单词

(4) 鼻化元音

けんさ(検査)①/检查　　しんせつ(親切)①/热心、好意
きねんひ(記念碑)②/纪念碑　でんあつ(電圧)⓪/电压
ふんいき(雰囲気)③/气氛　けんえき(検疫)⓪/检疫
ほんや(本屋)①/书店　　でんわ(電話)⓪/电话

(5) 小舌鼻音[N]

パン①/面包　　　　　いさん(遺産)⓪/遗产
にほんじん(日本人)④/日本人　じしん(自信)⓪/信心
しんぶん(新聞)⓪/报纸　すみません④/对不起
うんてん(運転)⓪/驾驶　うどん⓪/面条

2. 促音

促音是一种特殊音节,用字号小一些的"っ"或"ッ"来书写,代表的是紧接其后的辅音,国际音标以双写该辅音来表示。

促音一般出现在か、さ、た、ぱ行辅音的前面。

1) [p p]

做好发[p]的口形,双唇闭合形成阻塞并保持一拍,造成相当于一个音节长度的无声状态。然后解除阻塞,发出辅音[p]。例如：

りっぱ(立派)⓪[ɾippa]　　　　　出色、杰出、壮丽
コップ⓪[koppɯ]　　　　　　　杯子
いっぽ(一歩)①[ippo]　　　　　一步

2) [t t]

做好发[t]的口形,舌尖抵住上齿龈形成阻塞并保持一拍,造成相当于一个音节长度的无声状态。然后解除阻塞,发出辅音[t]。例如：

きって(切手)⓪[kitte]　　　　　邮票
ずっと⓪[dzɯtto]　　　　　　　一直;远为……

3) [k k]

做好发[k]的口形,后舌面迅速抵住上腭,形成阻塞并保持一拍,造成相当于一个音节的无声状态。然后解除阻塞,发出辅音[k]。例如：

ぶっか(物価)⓪[bɯkka]　　　　物价
はっきり③[hakkiɾi]　　　　　　清楚、明确

4) [ss] [ʃʃ]

发辅音[s][ʃ],持续大约一个音节的长度后发出元音。

きっさてん(喫茶店)③⓪[kissateN]　　咖啡屋
ざっし(雑誌)⓪[zaʃʃi]　　　　　　　杂志

ひっす(必須)⓪[hissɯ]　　　　　　必要、必不可少

＊日语外来词中的促音也可以出现在ガ、ザ、ダ、バ行假名之前。例如：
バッグ①[baggɯ]　　　　　　袋、包
ビッグ①[biggɯ]　　　　　　大规模的

🎧　听录音朗读下列单词

いっぱい⓪/满、充满	じっぴ(実費)⓪/实际费用
きっぷ(切符)⓪/票	いっぺん(一変)⓪/一变
まったく⓪/简直、完全	スイッチ②/开关
みっつ(三つ)③/三个	あさって②/后天
ロボット②/机器人	こっか(国家)①/国家
がっき(楽器)⓪/乐器	ゆっくり③/慢慢、安安稳稳
はっけん(発見)⓪/发现	けっこん(結婚)⓪/结婚
あっさり③/清淡；淡泊	ねっしん(熱心)①/热心
けっせき(欠席)⓪/缺席	さっそく⓪/马上、立即
グッズ①/物品	ブリッジ②/桥牌
ベッド①/床	ホット・ドッグ④/热狗

3. 长音

　　日语的音节大部分由一个辅音加一个元音或单独一个元音组成。发音时，把一个音节中的元音拉长一拍，就构成长音。长音是一个特殊音节，时间上占二拍的长度。
　　书写长音时，分别以假名"あ，い，う，(え，お)"表示其拉长的部分。外来词以"ー"表示。国际音标以[：]标记。

平假名	ああ	いい	うう	えい(ええ)	おう(おお)
	さあ	しい	すう	せい	そう
片假名	アー	イー	ウー	エー	オー
	サー	シー	スー	セー	ソー
国际音标	[aː]	[iː]	[ɯː]	[eː]	[oː]
	[saː]	[ʃiː]	[sɯː]	[seː]	[soː]

1) あ段假名长音

あ段假名的长音符号，平假名以"あ"表示，外来词以"ー"表示。

听录音朗读下列假名

ああ　かあ　さあ　たあ　なあ
はあ　まあ　やあ　らあ　わあ
があ　ざあ　だあ　ばあ　ぱあ

听录音朗读下列单词

ざあざあ①/哗哗　　　カード①/卡
サービス①/服务;奉送　マーケット①/市场
ラーメン①/汤面　　　ワープロ⓪/文字处理机
バー①/酒吧　　　　　パーセント③/百分比

2) い段假名长音

い段假名的长音符号，平假名以"い"表示，外来词以"ー"表示。

听录音朗读下列假名

いい　きい　しい　ちい　にい　ひい
みい　りい　ぎい　じい　びい　ぴい

听录音朗读下列单词

いい①/好　　　　うれしい③/高兴

ちいさい(小さい)③/小、小的
おにいさん(お兄さん)②/哥哥、大哥
おじいさん②/爷爷、大爷　しいたけ①/香菇
キー①/钥匙；关键　　　シーツ①/床单
ニーズ①/需求　　　　ヒーター①/取暖器
リーダー①/领导者　　ピーナッツ①/花生米

3) う段假名长音

う段假名长音符号,平假名以"う"表示,外来词以"ー"表示。

听录音朗读下列假名

うう　くう　すう　つう　ぬう
ふう　むう　ゆう　るう
ぐう　ずう　ぶう　ぷう

听录音朗读下列单词

くうかん(空間)⓪/空间　　すうがく(数学)⓪/数学
つうきん(通勤)⓪/上下班　にほんふう(日本風)⓪/日本式
ゆうじん(友人)⓪/朋友　　ぐうぜん(偶然)⓪/偶然
ウール①/羊毛,毛织品　　クーラー①/冷气设备
スーツ①/套服、套装　　　ムード①/气氛
ユーザー⓪/用户　　　　　ルーム①/房间
ブーム①/大流行　　　　　プール①/游泳池

4) え段假名长音

え段假名长音符号,平假名一般以"い"表示,个别单词以"え"表示。外来词以"ー"表示。

注意："い"作为长音符号时,读作[e]。

🔊 听录音朗读下列假名

えい　けい　せい　てい
ねい　へい　めい　れい
げい　ぜい　べい　ぺい

听录音朗读下列单词

おねえさん(お姉さん)②/姐姐,大姐　えいご(英語)⓪/英语
けいび(警備)①/警戒、戒备　　　　せんせい(先生)③/老师
かてい(家庭)⓪/家庭　　　　　　　ていねい(丁寧)①/恭敬,仔细
へいわ(平和)⓪/和平　　　　　　　ゆうめい(有名)⓪/有名
れいぎ(礼儀)③/礼节、礼貌　　　　きれい(綺麗)①/漂亮,干净
ぜいたく(贅沢)③/奢侈　　　　　　べいこく(米国)⓪/美国

5) お段假名长音

お段假名长音符号,平假名一般以"う"表示,个别单词以"お"表示。外来词以"ー"表示。

注意:"う"作为长音符号时,读作[o]。

🔊 听录音朗读下列假名

おう　こう　そう　とう　のう
ほう　もう　よう　ろう
ごう　ぞう　どう　ぼう　ぽう

听录音朗读下列单词

おおきい(大きい)③/大、大的　　　とおる(通る)①/通过、穿过
おうせつ(応接)⓪/接待　　　　　　こうつう(交通)⓪/交通
よそう(予想)⓪/预想　　　　　　　かのう(可能)⓪/可能
ほうりつ(法律)⓪/法律　　　　　　ようじ(用事)⓪/要办的事
くろう(苦労)①/辛苦、吃苦　　　　ごうべん(合弁)⓪/合资
ぞうか(増加)⓪/増加　　　　　　　どうじ(同時)⓪/同时
ぼうけん(冒険)⓪/冒险　　　　　　いっぽう(一方)③/另一方面

4. 拗音

由い段假名辅音同や行假名や、ゆ、よ拼读而成的音叫做拗音。音长为一拍。拗音用い段假名加字号小一些的"ゃ""ゅ""ょ"来表示。

平假名	きゃ	きゅ	きょ
片假名	キャ	キュ	キョ
国际音标	[kjɑ]	[kjɯ]	[kjo]

(1) 听录音朗读下列假名

きゃ	きゅ	きょ
ぎゃ	ぎゅ	ぎょ
しゃ	しゅ	しょ
じゃ	じゅ	じょ
ちゃ	ちゅ	ちょ
にゃ	にゅ	にょ
ひゃ	ひゅ	ひょ
ぴゃ	ぴゅ	ぴょ
びゃ	びゅ	びょ
みゃ	みゅ	みょ
りゃ	りゅ	りょ

(2) 听录音朗读下列单词

かんきゃく(観客)⓪/观众　　きょり(距離)①/距离
ぎゃく(逆)⓪/反、倒、逆　　かいしゃ(会社)⓪/公司
せんしゅ(選手)①/运动员、选手　じゅよう(需要)⓪/需要
としょかん(図書館)②/图书馆　じょせい(女性)⓪/女、女的
ちょさく(著作)⓪/著作　　ひゃく(百)②/一百

さんびゃく(三百)①/三百　　　りょこう(旅行)⓪/旅行
りゃくご(略語)⓪/略语、简称　えんりょ(遠慮)⓪/客气

5. 拗长音、拗拨音、拗促音

把拗音拉长一拍,就构成拗长音。

平假名	きゃあ	きゅう	きょう
片假名	キャア	キュウ	キョウ
国际音标	[kjɑ:]	[kjɯ:]	[kjo:]

(1) 听录音朗读下列假名

きゃあ	きゅう	きょう
ぎゃあ	ぎゅう	ぎょう
しゃあ	しゅう	しょう
じゃあ	じゅう	じょう
ちゃあ	ちゅう	ちょう
にゃあ	にゅう	にょう
ひゃあ	ひゅう	ひょう
ぴゃあ	ぴゅう	ぴょう
びゃあ	びゅう	びょう
みゃあ	みゅう	みょう
りゃあ	りゅう	りょう

(2) 听录音朗读下列单词

きゅうじつ(休日)⓪/休息日　　きょうと①/京都
しゅうかん(習慣)⓪/习惯　　　こしょう(故障)⓪/故障
じゅうよう(重要)⓪/重要　　　じょうけん(条件)③/条件
ちゅうごく(中国)①/中国　　　ちょうど⓪/恰好
にゅうがく(入学)⓪/开学、入学　ヒューズ①/保险丝
ひょうげん(表現)③/表达　　　びょうき(病気)⓪/病
はっぴょう(発表)⓪/发表　　　みょうじ(名字)①/姓

りゅうこう(流行)⓪/流行　　　ゆうりょう(有料)⓪/收费

拗音还可以分别和拨音、促音组成拗拨音、拗促音。

じゅんび(準備)①/准备　　しゅんかん(瞬間)⓪/瞬间
チャンス①/好机会　　　　ちょっと①/稍微、有点
しゅっせき(出席)⓪/出席　シャッター①/快门

此外,为了拼读外来词的需要,日语中还有一些与"ァ""ィ""ェ""ォ"相拼的特殊拗音。

パーティー①/聚会　　　　ファッション①/时装
ソフトウェア④/软件　　　チェーン①/连锁
フィルム①/胶卷　　　　　フォーラム①/论坛
チェック①/核对　　　　　ファイル①/文件夹
フォーク①/餐叉　　　　　メディア①/媒体

小会話(1)

趙林:はじめまして、趙林と申します。

/初次见面,我叫赵林。

佐藤敬:はじめまして、佐藤敬です。

/初次见面,我是佐藤敬。

趙林:どうぞよろしくお願いします。

/请您多关照。

佐藤敬:こちらこそどうぞよろしくお願いします。

/彼此彼此,请您也多关照。

第三章 语音纠正与练习

一 元音

如前所述,日语的元音只有5个。而且这5个元音均为单元音,发音比较容易,与汉语的一些发音又比较接近,所以念起来很顺,不少人即使不懂日语,也像知晓英语的 ABC 一样知晓日语的あいうえお。然而,就是这5个貌似不难的假名,要想准确发音却也需要一番努力。下面,我们准备分6个方面和大家一起探讨我们中国人在日语元音发音上容易出现的问题,并提出一些解决办法,供参考、练习。

首先,我们要牢牢记住的就是**日语的元音都是单元音**。而汉语普通话中复合韵母居多,与日语元音接近的韵母仅有"a(啊)、o(喔)、e(欸)、i(衣)、u(乌)"5个,且与日语的元音也并非一一对应。因此,要想练好日语发音,**切忌用汉字标注日语读音**。用汉语的发音来读日语不可能获得正确的读音。

1. け≠剋! こ≠抠! (え段·お段)

将え段与お段的纠音问题列为第一项,是因为这两段假名的发音,我们最容易出错。原因在于汉语普通话中,可与え、お对应的韵母在实际发音中极少出现。

1) え = [e] ≠ [ei]

我们往往把日语单元音的"え"读成口形滑动了的双元音[ei]。比如把"け"错误地读成"尅"([kei])。

把"け"误读成"尅",问题在于虽然"え"([e])的发音基本到位,但口形没有保持住,习惯性地向[i]滑动了。

正如大家所知道的,在日语发音中,出现在え段假名后的假名"い",实际上是起一个长音符号的作用,不发[i]的音,因此即使是"け"与"い"组合在一起也不读"尅"。

所以,我们要记住:

"け" ≠ "尅"

"ね" ≠ "内"

"へ" ≠ "黑"

"め" ≠ "霉"

"れ" ≠ "累"

学过英语的读者可以回顾一下英语 bed、desk 等单词中[e]的发音要点,它与日语的"え"相对而言比较接近,都是单元音,口形不滑动。

纠正的要点:

a. 对着镜子观察自己口形是否保持不滑动。

b. 保持"え"的口形拉长发音时间,尤其是在准备停止发音时口形仍然不能滑动,保证在完全停止发音之后再闭唇。随着逐渐习惯,拉长的时间可逐渐缩短,直至瞬间发音时口形仍能保持不变。

c. 舌部肌肉略微紧张。

注意上述要点，做以下发音练习：

(1) 通过长音过渡到短音，练习口形的控制。

えー，え； けー，け；
せー，せ； てー，て；
ねー，ね； へー，へ；
めー，め； れー，れ；

(2) 通过日语字词的读音，练习口形的控制。

え(絵)，えい(栄)　　け(毛)，けい(系)
せ(背)，せい(静)　　て(手)，てい(帝)
ね(根)，ねい(寧)　　へ(屁)，へい(兵)
め(目)，めい(明)　　———，れい(冷)

(注：括号内为日语汉字，读者若不明确词义可查阅词典切不可"望文生义"，下同。)

2) お ≒ [o] ≠ [ou]·[uo]·[ao]

再来看一下お段假名。汉语中有韵母[o]，但除了感叹词"哦""噢"是单韵母以外，其他大都出现在复合韵母[o u]或[u o]中。这对发好日语お段假名产生干扰。干扰仍然来自口形滑动。

我们先来关注[o u]的干扰问题。汉语[o]的张口程度要略小于日语的"お"。受此影响，一则我们读"お"时往往圆唇不足，且容易在[u]音上结尾，结果造成将"お"读成"欧"([o u])。

再有，汉语拼音[b o][p o][m o]中的[o]，实际读音接近[u o（窝)]。受此影响，我们在读日语的"お"时也容易读成口形滑动的[u o]，特别是"こ"容易误读为"括"。

另外，我们已知出现在お段假名后面的"う"，实际上是元音[o]的长音符号，此时的"う"不发[ɯ]的音，而读[o]。只有

一种情况例外,即动词词尾的"う"要很清楚地读[ɯ]。如"追う""沿う""問う"等。

还有一点,ほ、も、よ、ろ四个假名中的元音[o]容易误读成[ao],特别是后三者容易读成"猫""腰""捞"。

所以,我们要记住:

お≠欧≠窝≠熬

こ≠抠≠括≠尻

そ≠搜≠缩≠搔

と≠偷≠拖≠涛

の≠耨 ([nou])≠挪≠孬

ほ≠齁 (hou)≠豁≠蒿

も≠哞≠摸≠猫

よ≒哟 ([yo])≠悠≠腰

ろ≒咯 ([lo])≠喽 ([lou])≠捞

纠正的要点:

a. 对着镜子观察自己口形是否保持不滑动;

b. 保持"お"的口形拉长发音时间,尤其是在准备停止发音时口形仍然不能滑动,保证在完全停止发音之后再闭唇。随着逐渐地习惯,拉长的时间可逐渐缩短,直至瞬间发音时口形仍能保持不变。

c. 保持圆唇,发音位置尽量向后,口腔内部要尽量打开,带有含着一个乒乓球的感觉。

d. 舌部肌肉略微紧张。

注意上述要点,做以下发音练习:

(1) 通过长音过渡到短音,练习口形的控制。

おー，お　　　こー，こ
そー，そ　　　とー，と
のー，の　　　ほー，ほ
もー，も　　　よー，よ
ろー，ろ

(2) 通过日语字词的读音,练习口形的控制。

お(尾)，おう(王)　　こ(個)，こう(校)
そ(蘇)，そう(僧)　　と(途)，とう(唐)
の(野)，のう(農)　　ほ(輔)，ほう(法)
も(模)，もう(毛)　　よ(余)，よう(用)
ろ(呂)，ろう(老)

2. け≠开!　三年(さんねん)≠千年(せんねん)(え段 & あ段)

1) 我们读え段假名时,除了有上述口形向[i]滑动的毛病以外,有时还会犯开口过大、发音靠后的毛病。如果口形再向[i]滑动,结果就会把"け"误读为"开"([k a i])。

所以,我们要记住:

"え" ≠ "埃"　　"け" ≠ "开"
"せ" ≠ "腮"　　"て" ≠ "胎"
"ね" ≠ "耐"　　"へ" ≠ "嗨"
"め" ≠ "埋"　　"れ" ≠ "来"

纠正的要点:

a. 读"え"的口形不可过大,口腔开合程度以齿间可放入一指为宜。

b. 舌位前靠,舌尖抵住下齿。

c. 舌部肌肉略微紧张。

d. 保持"え"的口形拉长发音时间,直到停止发音时口形

仍然不能滑动，保证在完全停止发音之后再闭唇。随着逐渐地习惯，拉长的时间可逐渐缩短，直至瞬间发音时口形仍能保持不变。

注意上述要点，做以下发音练习：

（1）通过短音与长音的区别，进而练习え段假名与い组合读长音时的情况同あ段假名与い组合时的区别。

え→えい　あい　　け→けい　かい
せ→せい　さい　　て→てい　たい
ね→ねい　ない　　へ→へい　はい
め→めい　まい　　れ→れい　らい

（2）朗读下列单词，练习え段假名同あ段假名与"い"组合的区别。

いえ②（家）　　　いあい⓪（居合）
くけい⓪（矩形）　くかい⓪（区会）
あせ①（汗）　　　あさい⓪（浅い）
して⓪（仕手）　　したい⓪（姿態）
いね①（稲）　　　いない①（以内）
やべ⓪（矢部）　　やばい②
くれ⓪（暮れ）　　くらい⓪（倉井）
かれ①（彼）　　　からい②（辛い）

2）相反，当我们发あ段假名时，如果开口过小，则容易将あ段假名发成え段假名。比如あ段假名与"ん"拼读时，就会将"三年"（さんねん）读成"千年"（せんねん）。

出现这种问题是由于あ段假名与"ん"组合时，元音"あ"的口形过小、口形不到位所致。口形不到位往往是由于发音时对口形的控制不积极造成的。说得再通俗一些就是"懒散"所致。

纠正的要点：

　　a. あ段的发音，口腔开口程度要大于一指。

　　b. 舌位稍向里缩。

　　c. あ段假名与"ん"组合时，各自要读满一拍，不要连读。

注意上述要点，做以下发音练习：

　　(1) 口形及拍子的练习，注意あ段、え段假名的区别。

　　　あ→あん　え→えん　　か→かん　け→けん
　　　さ→さん　せ→せん　　た→たん　て→てん
　　　な→なん　ね→ねん　　は→はん　へ→へん
　　　ま→まん　め→めん　　ら→らん　れ→れん

　　(2) 朗读下列单词，练习え段假名与"ん"的组合同"あ"段假名与"ん"的组合之间的区别。

　　　えんしん⓪(円心)　　　あんしん⓪(安心)
　　　じけん①(事件)　　　　じかん⓪(時間)
　　　ねんきん⓪(年金)　　　なんきん③(南京)
　　　へんか①(変化)　　　　はんか①(繁華)
　　　れんしゅう⓪(練習)　　らんしゅう①(蘭州)
　　　せんねん①(千年)　　　さんねん⓪(3年)
　　　せんぱい⓪(先輩)　　　さんぱい⓪(参拝)
　　　せんこう⓪(専攻)　　　さんこう⓪(参考)
　　　せんしゅう⓪(先週)　　さんしゅう⓪(三週)
　　　ぜんぶ①(全部)　　　　ざんぶ①(残部)

3. 散文(さんぶん) ≠ 三本(さんぼん)！ 嫁(よめ) ≠ 梦(ゆめ)！（う段 & お段）

　　1) 要想发好日语う段假名，就要克服汉语[u]的发音相对靠后的影响，而且要注意汉语的[u]是基本圆唇的，而う段假名基本不圆唇。

所以,我们要记住:

う ≠ 屋　　く ≠ 哭
ぬ ≠ 努　　ふ ≠ 夫
む ≠ 目　　ゆ ≠ 悠
る ≠ 撸

纠正的要点:

a. 双唇不突出。
b. 舌位前靠。

注意上述发音要点,练习如下含有う段假名的字词

う(宇)　　うく①(浮く)　　うる⓪(売る)
く(苦)　　くう①(食う)　　くる①(来る)
ぬ　　　　ぬう①(縫う)　　ぬく⓪(抜く)
ふ(不)　　ふく②(服)　　　ふゆ②(冬)
ぶ(部)　　ぶぐ①(武具)　　ぶゆ①(蚋)
む(無)　　むく⓪(向く)
ゆ(湯)　　ゆう⓪(結う)　　ゆく⓪(行く)
る(瑠)　　るる①(鏤々)

　　另一方面,假名"す"与"つ"的发音,受其辅音的影响,与其他う段假名有所不同,元音[ɯ]的发音相对比较弱,但仍应保持"う"的基本口形,不要读成类似于汉语的"斯""呲"。即"す""つ"比汉语"斯""呲"口形横向开口度要小。也不要读成类似于汉语的"苏""粗",因为日语的"う"是基本不圆唇的,加之此时的[ɯ]的发音相对比较弱。"ず""づ"同理。

注意上述要领,做下列练习。

(1) 练习词头为"す""つ"的字词。

す①(酢)　　　　　つ①(津)
すう⓪(吸う)　　　つう①(通)

すく⓪（空く）　　　つく①（付く）
　　　すす①（煤）　　　　つつ②（筒）
　　　すず⓪（鈴）　　　　つづ①（通津）
　（2）练习词中、词头含有"す""つ"的单词。
　　　いす⓪（椅子）　　　すい⓪（吸い）
　　　キス①　　　　　　　すき②（好き）
　　　くす①（楠）　　　　すく②（好く）
　　　さす①（指す）　　　すさ②
　　　いつ①（何時）　　　つい①
　　　かつ①（勝つ）　　　つか②（塚）
　　　くつ②（靴）　　　　つく①（付く）
　　　たつ①（経つ）　　　つた②（蔦）
　　　なつ②（夏）　　　　つな②（綱）
　　　ねつ②（熱）　　　　つね①（常）

　2）如果解决不好"う"发音偏后的错误，当う段假名与"ん"拼读时，就容易同お段假名与"ん"的拼读混淆。比如"ぶん"与"ぼん"、"ぷん"与"ぽん"区别不清。

纠正的要点：

　a. 发ぶ、ぷ时，舌位前靠，口腔内几乎不打开，唇形成自然闭合状态。

　b. 发ぼ、ぽ时，舌位后靠，口腔内要打开，双唇不突出。

注意上述要点，做以下发音练习：

　　　さんぶん⓪（散文）　　さんぼん⓪（参本）
　　　しんぶん⓪（新聞）　　しんぼん⓪（新本）
　　　ひぶん⓪（碑文）　　　ひぼん⓪（非凡）
　　　ぶんしょう①（文章）　ぼんしょう⓪（梵鐘）
　　　せんぷん①（千分）　　せんぼん①（千本）

3）经常听到有些人将"こんにちは"发成"くんにちは"，这是

由于发音起始圆唇不足、口腔内打开不足造成的。再比如将"よ"读成"ゆ","よめ"也就容易读成"ゆめ"。

纠正的要点：

　　a．圆唇，舌位后靠。

　　b．舌部肌肉要比发"う"紧张一些。

　　c．口腔内要充分打开。

注意上述要点，做以下发音练习：

（1）练习单汉字中お段假名与う段假名的发音。

　　　お(尾)　う(宇)　　こ(個)　く(苦)
　　　そ(蘇)　す(酢)　　と(戸)　つ(津)
　　　の(野)　ぬ　　　　ほ(輔)　ふ(府)
　　　も(模)　む(務)　　よ(余)　ゆ(湯)
　　　ろ(呂)　る(瑠)

（2）朗读含有お段假名与う段假名的单词,体会两者的区别。

　　　かう⓪(買う)　　　かお⓪(顔)
　　　くろ①(黒)　　　　ころ①(頃)
　　　ぬる⓪(塗る)　　　のる⓪(乗る)
　　　かむ①(嚙む)　　　かも①(鴨)
　　　ゆめ②(夢)　　　　よめ⓪(嫁)
　　　ふる①(降る)　　　ふろ②(風呂)

（3）练习由お段假名与う段假名组合而成的单词,进一步体会两者的区别。

　　　うお⓪(魚)　　　　おう⓪(追う)
　　　くこ②(枸杞)　　　こく①(刻)
　　　すそ⓪(裾)　　　　おす⓪(お酢)
　　　つど①(都度)　　　とつ①(咄)

ぬの⓪(布)　　　こぬ①(来ぬ)
ふほう⓪(不法)　ほうふ⓪(豊富)
くも①(雲)　　　もむ②(揉む)
ゆうよ①(猶予)　よゆう⓪(余裕)
るろう⓪(流浪)　ろく②(六)

(4) 练习含有お段假名的短句。

こんにちは。/你好。

こんばんは。/晚上好

おはようございます。/早上好。

こちらへどうぞ。/这边请。

お茶(ちゃ)をどうぞ。/请喝茶。

どうぞよろしく。/请多关照。

もういちどお願(ねが)いします。/请再重复一遍。

ようこそいらっしゃいました。/欢迎。

4. 行けません & 行きません(え段 & い段)

用日语交际时,有时会出现这样的情况:受到别人的邀请,本打算委婉地说"いけません"(去不了),却被对方误听为"いきません"(我不去),使得邀请人感到不快。这就是发音不准导致交际失败的一例。

造成上述情况的产生,主要是由于发[e]时口腔开口程度不够,也就是由于比较"懒"所导致的。

也有相反的情况,即把[i]发成了[e]。主要表现为把"き"说成了"け"。造成这种情况是由于发音位置过于靠后,以及过于强调不送气(参见本章二、辅音2)。因此,不可轻视准确发音的重要性。

纠正的要点：

a. え段假名的发音要保证上下齿之间有一指宽的间隙。
b. 发え段假名时舌部肌肉要比い段假名时紧张。
c. 发い段假名时口形要略向两侧拉开。

注意上述发音要点，做以下发音练习：

(1) 含有え段、い段假名部分动词否定式的发音练习。

言えません/不能说　　言いません/不说

買えません/买不起　　買いません/不买

行けません/去不了　　行きません/不去

書けません/不会写　　書きません/不写

話せません/不会说　　話しません/不说

学べません/学不了　　学びません/不学

結べません/系不上　　結びません/不系

帰れません/回不去　　帰りません/不回

作れません/做不了　　作りません/不做

(2) 含有え段假名和い段假名的日语字词的发音。

いけ②(池)　　　　いき①(意気)

へそ⓪(臍)　　　　ひそ①(砒素)

ペン①　　　　　　ピン①

レジ①　　　　　　りじ①(理事)

めさき③(目先)　　みさき⓪(岬)

れきし⓪(歴史)　　りきし①(力士)

うけつけ⓪(受付け)　うきつき⓪(浮き付き)

けんこう⓪(健康)　　きんこう⓪(近郊)

つけもの⓪(漬物)　　つきもの⓪(付き物)

へんしつ⓪(変質)　　ひんしつ⓪(品質)

5.～ます≠～吗斯(元音清化)

元音清化,实际上是为了发音方便而自然形成的一种规律。

我们知道,元音是浊音,故发浊音时声带是振动的。但是,当元音"い"或"う"夹在两个清辅音中间时,这个元音就"清化",也就是声带不振动,但保留发元音的舌位、口形和音长。像我们最常听到的"ました""でした"中的"し"就要"清化"。

1) 当假名き、く、し、す、ち、つ、ひ、ぴ、ふ、ぷ、しゅ后接か行、さ行、た行、ぱ行假名时发生清化。

请看下面两组词的<u>第一个假名</u>在发音上的区别。左侧不发生清化,右侧发生清化。

きおく⓪(記憶)　　きかい② 　[kikai](機会)
くいき①(区域)　　くさち⓪ 　[kɯsatʃi](草地)
しごと⓪(仕事)　　しかく⓪ 　[ʃikakɯ](資格)
すごす②(過ごす)　すこし② 　[sɯkoʃi](少し)
ちず①(地図)　　　ちから③ 　[tʃikara](力)
つごう⓪(都合)　　つたえる④　[tsɯtaerɯ](伝える)
ひがん⓪(彼岸)　　ひし⓪　　 [hiʃi](菱)
ピンポン①　　　　ピストル⓪　[pisɯtorɯ]
ふぶき①(吹雪)　　ふかい②　 [fɯkai](深い)
プロ①　　　　　　プトマイン③[pɯtomaiN]
しゅざい⓪(取材)　しゅさい⓪　[ʃɯsai](主催)

2) 当假名き、く、し、す、ち、つ、ひ、ぴ、ふ、ぷ、しゅ出现在高读音调上时(参见第四章),即使后接か行、さ行、た行、ぱ行假名也**不发生清化**。

请看下面两组词的第一个假名在发音上的区别。左侧不发生清化,右侧发生清化。

きく①(起句)　　　　きく⓪(菊)
くく①(区々)　　　　くくり⓪(括り)
しき①(四季)　　　　しきしゃ②(指揮者)
つく①(着く)　　　　つくえ⓪(机)
ひそ①(砒素)　　　　ひそう⓪(悲愴)
ぴかぴか①　　　　　ぴかいち②
ふして①(伏して)　　ふしぎ⓪(不思議)
しゅと①(首都)　　　しゅとく⓪(取得)

3) 当假名す出现在音调为低调的词尾时也发生清化。我们十分熟悉的"～です""～ます"中的"す"就属于这种情况。例如:

はなす②(話す)　　　いかす②(生かす)

注意上述要点,做以下练习:

(1) 词头发生清化:

きた⓪(北)　　　　　くつ②(靴)
しかく⓪(資格)　　　すき②(好き)
ちかい②(近い)　　　つくえ⓪(机)
ひかり③(光)　　　　ふかい②(深い)
しゅっぱつ⓪(出発)　しゅっしん⓪(出身)
きっぷ⓪(切符)　　　きって⓪(切手)
すっかり③　　　　　すっきり③

(2) 句尾发生清化:

ここです。/是(在)这儿。
ごごです。/是下午。
忙(いそが)しいです。/我很忙。

大丈夫です。/没关系。

けっこうです。/好。行。可以。

王と申します。/我姓王。

待っています。/我等着。

知っています。/我认识。我知道。

来ると思います。/我想会来的。

行こうと思っています。/我准备去。

6. 愛(あい)≠爱(ai)(元音连读)

如前所述,由于受到汉语的影响,我们在读え段假名和お段假名时容易误读为复合元音。同样,在日语中遇到元音组合时,我们还是容易按汉语的习惯去连读。特别是あ段假名与い组合时更容易连读。

按照日语一个假名一个拍的规律,即使是元音组合,一般也要保证每个元音单独而清晰地发音,而不要像读汉语那样第2个元音读得短而轻。

所以,我们要记住:

あい≠哀	いあ≠压	うあ≠洼
あう≠奥	いう≠由	うえ≠畏
あえ≠爱	いえ≠椰	うお≠窝
あお≠凹	いお≠又	おう≠欧

纠正的要点:

a. 各个假名基本各自读满一拍,不要抢拍,更不要合为一拍。比如"愛(あい)","あ"与"い"的长短基本一致。而汉语的"爱(ai)","a"读得长一些,"i"读得短而轻一些。即"爱

（あい）"为2拍,而汉语的"爱(ai)"为1拍。再比如,"下位","下"读"か","位"读"い",各自都要读得清晰、足拍。

b. 特别需要注意的是名词后接助词"を""へ"时也不可连读。比如"歌を歌う""海へ行く"等。

c. い段假名与"あ""う""お"组合时,要与半元音和拗音区别开来。比如,"い"和"あ"组合时,要分别读出并基本达到2拍,不能读成1拍的"や";同理,き和お组合时不要读为"きょ","き""あ"组合时不要读作"きゃ"。另外,"く"或"こ"与"あ"组合时不要读成"夸"。

d. 另外,要注意长音与元音连读的区别。主要是看相对应汉字读音的要求。比如,"場合","場"读"ば","合"读"あい",因而在"ば"读满一拍之后,要重新较清楚地读出"あ"和"い",而不将"ばあ"连读成长音。

注意上述发音要点,做如下发音练习:

(1) 同一汉字中的元音连接

あい①（愛）　　　しあい⓪（試合）
かい①（貝）　　　かいぎ①（会議）
さい①（歳）　　　さいしょ⓪（最初）
たい①（鯛）　　　たいへん⓪（大変）
ない①　　　　　ないしょ⓪（内緒）
はい①　　　　　はいえん⓪（肺炎）
まい⓪（舞）　　　まいど⓪（毎度）
らい①（癩）　　　らいう①（雷雨）
こえ①（声）　　　こえだめ⓪（肥溜め）

(2) 相邻汉字中的元音连读

ちい①（地位）　　ちえ②（知恵）
あいろ⓪（隘路）　あえん⓪（亜鉛）

いあつ⓪(威圧)　　いいん①(医院)
いえき⓪(胃液)　　おうち⓪(お家)
ばあい⓪(場合)　　ちいき①(地域)
らいい①(来意)　　かおく①(家屋)

(3) 与格助词"を""へ"的组合

愛を歌う /歌唱爱情。

お湯を飲む /喝(开)水。

部屋の掃除をする /打扫房间。

顔を洗う /洗脸。

絵を描く /画画儿。

ドアを押す /推门。

海外へ行く /到国外去。

向こうへ送る /送到那边去。

東京へ向かう /向东京迈进。

(4) や行假名同い+あ行假名组合、い+や行假名组合、拗音的区别练习。

や①(矢)　　いあい⓪(居合)　　いや②
ゆ①(湯)　　いう⓪(言う)　　　ゆい①(唯)
よ①(余)　　いお①　　　　　　いよ①(伊代)
きょく⓪(曲) きおく⓪(記憶)　　きよく①(清く)
じょ⓪(序) ラジオ①　　　　　　じよ①(自余)

(5) 元音连读与长音的区别练习。

はあく⓪(把握)　　　　ハード①
ひいく⓪(肥育)　　　　ヒーロー①
ひいちにち①-⓪(日一日) ひいひい①

りいん①(吏員)　　リード①
えいり⓪(絵入り)　えいり①(営利)
おう⓪(追う)　　おう①(王)
きいろ⓪(黄色)　　キール①
こうり⓪(小売り)　こうり①(公理)
こおう⓪(呼応)　　こうお①(好悪)
ごおう⓪(互応)　　ごうおん⓪(轟音)

二　辅音

1. 爸爸、パパ、ばば（清音 & 浊音）

汉语普通话中的五对声母/p、b/,/t、d/,/k、g/,/c、z/,/ch、zh/,从发音部位和发音方法上看是一样的,区别在于送气与否。换句话说,由这五对声母组成的词是靠送气与否来影响意义的。比如"保"(b a o)和"跑"(p a o)完全是两个概念。

而日语中送气不送气,实际上不影响词义,只是发音方便与否的问题。这一问题我们在下一节讨论。日语中影响词义的是辅音的清浊问题。换句话说,发辅音时声带是否振动将影响意义。比如,"たす"和"だす"完全是两个概念。

再举个例子来说,汉语说"爸爸",是两个不送气的声母连续发音。日语说"パパ"("父亲"的儿童语),第一个パ是送气的清辅音,第二个是不送气的清辅音;而"ばば"(老太婆)则两个都是浊辅音。

所以,我们要记住:

か≒喀　　が≠嘎

さ≒撒/ざ≠杂
た≒他/だ≠搭
ぱ≒啪/ば≠巴

请看汉语与日语清浊音的区别示意图。

汉	语		日	语	
清	音	浊音	清	音	浊音
送气	不送气		送气	不送气	
k	g		k	k	g
t	d		t	t	d
p	b		p	p	b

由此可见,汉语普通话没有相对应的浊辅音。因此,不少人发不出或发不好日语的浊辅音,而将其发成不送气的清辅音。

纠正的要点:

a. 首先发元音,用手摸着喉头部位,感觉声带振动,再带着这种感觉去发が、ざ、だ、ば行的假名。

b. 可以通过后舌鼻音[ŋ]来带动声带振动,带着这个音头,去发が、ざ、だ、ば行的假名,会比较容易体会和掌握。

c. 发音时可压低嗓音,同时放松肌肉,减慢发音的速度,这样比较容易发出浊音。

注意上述发音要点,做如下发音练习:

朗读下列单词,练习清浊音的区别。

かっこう①(恰好)　　　がっこう①(学校)
きおん①(気温)　　　　ぎおん①(擬音)
くち①(口)　　　　　　ぐち①(愚痴)
けた①(桁)　　　　　　げた①(下駄)
こみ①(込み)　　　　　ごみ②

さいあく⓪(最悪)	ざいあく①(罪悪)
しし①(獅子)	じじ①(時事)
すえ⓪(末)	ずえ①(図絵)
せつえん⓪(節煙)	ぜつえん⓪(絶縁)
そくひつ⓪(速筆)	ぞくひつ⓪(俗筆)
たいいん⓪(退院)	だいいん⓪(代印)
ちち①(乳)	ちじ①(知事)
つつく②(突付く)	つづく⓪(続く)
てしょく⓪(手職)	でしょく⓪(出職)
てっかい⓪(撤回)	でっかい③
とくしゃ⓪(特写)	どくしゃ①(読者)
パパ①	ばば①(婆)
ぴりぴり①	びりびり①
ペルー①	ベル①
ポスト①	ボストン①

2. かか,たた,ぱぱ(送气音 & 不送气音)

か行、た行、ぱ行假名的辅音均属于清辅音,出现在词头时一般读作送气音,而出现在非词头的位置时,习惯上读作不送气音。但是,送气不送气不影响词义,只是连续读两个送气音不方便、不好听。如果读者学过英语,可以参考一下英语单词中诸如"study"中"t"的发音,读的也是不送气音。关于か行假名送气不送气的问题,我们放在下一节"が行鼻音"中讲解练习。

需要注意的是,不送气的清辅音不要读成浊辅音。

纠正的要点:

a. 连续发同一个送气假名,将会感到后面的假名逐渐失

去送气。比如:"たたたた……"。

　　b. 将手心放在嘴前,先连续发若干次送气的辅音"t",感觉其气流的冲出以及舌尖的位置,再按照这一舌位,控制气流不冲出,发不送气的"t,注意此时的"t"声带不可振动。

　　c. 将手心放在嘴前,先连续发若干次送气"た",再按照这一舌位,控制气流不冲出,发不送气的"た",注意此时的"た"声带不可振动。

　　d. 按照送气、不送气的顺序练习"たた",仍须注意声带不可振动。其他送气假名均可按此练习。

注意上述发音要点,做如下发音练习:

(1) 送气与不送气的区别

　　かい①(下位)　　　いか⓪(鳥賊)
　　たな⓪(棚)　　　　なた⓪(鉈)
　　てき⓪(敵)　　　　きって⓪(切手)
　　とき②(時)　　　　きっと③
　　ぱっと①　　　　　いっぱく⓪(一泊)
　　ぴったり②　　　　いっぴき⓪(一匹)
　　プラス①　　　　　いっぷく⓪(一服)
　　ペット①　　　　　いっぺん⓪(一遍)
　　ポスト①　　　　　いっぽん①(一本)

(2) 不送气与浊音的区别

　　あと①(後)　　　　アド①
　　いたす②(致す)　　いだす②(出だす)
　　いっぱく⓪(一泊)　いばく⓪(帷幕)
　　えと⓪(干支)　　　えど⓪(江戸)
　　おたく⓪(お宅)　　おだく⓪(汚濁)
　　おてん⓪(汚点)　　おでん②

おとり⓪(お取り)	おどり⓪(踊り)	
つっぷす③(突っ伏す)	つぶ①(粒)	
てっとう⓪(鉄塔)	てつどう⓪(鉄道)	
パパ①	ばば①	
ひてい⓪(否定)	ビデオ①	
また②(又)	まだ①	
たた①(多々)	ただ①(唯)	だだ①(駄々)
たて①(縦)	たで⓪(蓼)	だて⓪(伊達)
たとう⓪(多党)	たどう⓪(他動)	だとう⓪(妥当)
とと①(父)(幼児語)	とど①(鯔)	どど①(度々)
とっぱ⓪(突破)	とば⓪(鳥羽)	どば①(驚馬)
とっぴ⓪(突飛)	とび①(鳶)	どひ①(土肥)
トップ①	とぶ⓪(飛ぶ)	どぶ⓪(溝)

3. かかく＆かがく (が行鼻音)

根据上一节介绍的原理, か行假名出现在非词头时读不送气音。与か行相对应的是が行假名。が行假名出现在非词头的位置时, 按传统标准话读音规则应读鼻音。所以在非词头的位置时, か行不送气一般不容易与读鼻音的が行假名混淆。

另一方面, 由于汉语普通话中没有相当于が行鼻音的音, 所以有时容易误读为あ行假名。另外, 如果不是用舌后部抵住软腭, 而是用舌面抵住了硬颚, が行鼻音就会读成な行假名。尤其是在听音时容易产生混淆。

纠正的要点(读鼻音)：

a. 舌后部抵住软腭, 形成阻塞, 使气流从鼻腔流出, 同时放开阻塞。所谓用后舌抵住软腭, 可以借鉴汉语的后鼻韵母

[ing]、[ɑng]、[ong]、[eng]中ng的发音部位,还可以借鉴英语中ng的发音部位。

b. 先发ng,再分别与あ、い、う、え、お拼读,即可得到が行鼻音的が、ぎ、ぐ、げ、ご。

ng+あ→が

ng+い→ぎ

ng+う→ぐ

ng+え→げ

ng+お→ご

需要注意的是,这种拼读一定要紧密结合起来,不要使"ng"与后面的元音分离。

c. 发が行鼻音时,舌尖不要抵住上齿。

值得注意的是,作为日语的"普通话"——标准话是要求出现在非词头的が行假名发鼻音的。比如,播音员、教材的录音等。然而,现在不少日本人在任何情况下都不发鼻音,甚至可以说读鼻音有时会产生"落后于时代"的感觉。同时,外来词、拟声词、拟态词、数词中的が行假名,即使出现在非词头的位置时仍按正常浊音处理,不发成鼻音。在这种情况下,か行假名出现在非词头的位置时的不送气音与が行假名的发音,便会令我们困惑。特别是在听音时不容易分辨。

纠正的要点(读正常浊音):

a. が行浊音与が行鼻音发音部位相同,均由后舌抵住软腭,但发が行浊音时不要在鼻腔内形成共鸣。

b. が行浊音与か行清音的发音部位也相同,由后舌抵住软腭。但不送气的か行辅音[k]为清辅音,声带不振动;而が行辅音[g]为浊辅音,声带振动。

c. 发が行浊音时可压低嗓音,同时放松肌肉,减慢发音的速度,这样比较容易发出浊音。而发不送气的か行,相对可略提高嗓音,略微加快发音速度。

注意上述发音要领,做下列练习:

(1) 不送气音与が行鼻音、元音、な行假名的区别

あかり⓪	あがり⓪	はあく⓪	アナログ⓪
いかい⓪	いがい⓪	いあい⓪	いない⓪
えかき③	えがき⓪	エアバス⓪	えない①
おかし②	おがむ②	オアシス①	おなじ⓪
おき⓪	おぎ①	おい⓪	おに⓪
かかい⓪	かがい①	かあつ⓪	かない①
かき②	かぎ②	かい①	かに①
かく①	かぐ①	かう⓪	カヌー①
きけん⓪	きげん①	きえん⓪	きねん⓪
きかい⓪	きがい①	きあい⓪	きない①
きき①	きぎ①	きい①	きにん⓪
くかい⓪	くがい⓪	ぐあい⓪	くない①
くけい⓪	くげ⓪	くえる②	くねくね①
ここ⓪	ごご①	こおり⓪	このごろ⓪

(2) が行假名在词头与非词头的发音区别

がけ⓪	けが②
ぎかい①	かいぎ①
ぐち⓪	ちぐ①
げか⓪	かげ①
ごい①	いご①

(3) 含有可发成鼻音が的短语、短句

だれが山田(やまだ)さんですか。/谁是山田?

どこが学校ですか。/哪儿有学校啊?

ここが図書館ですか。/这就是图书馆吗?

団子を食べながら化学の本を読んでいます。

/一边吃江米团一边看化学书。

行きたいと思いますが。/我是想去,不过……。

4. なく、らく、だく

1) 南方人说普通话时,常常是"牛"和"刘"分不清。于是,说日语时仍然是分不清な行假名和ら行假名,其中主要是发不出鼻音的[n],而与ら行辅音[ɾ]混淆。与此相反,还有部分地区的人发不出汉语的[l],从而读为[n]。

我们再来复习一下鼻音和ら行辅音的发音要领。

鼻音:舌尖抵住上齿龈,形成阻塞,使气流从鼻腔流出。声带振动。

ら行辅音:舌叶接触上齿龈。在气流冲出时向前弹一下。声带振动。

由此可见,要想发出 n,关键是保证舌尖坚决抵住上齿龈,使气流从鼻腔中流出。汉语中略作思考时往往发出"嗯"的声音。用这个"嗯"与あ、い、う、え、お拼读,就可以得到な、に、ぬ、ね、の。

读好单个的な行假名相对容易,比较困难的是在单词当中出现的な行假名;也有的是な行假名在词头时读得好,不在词头时就读不好。这时需要有意识地练习舌尖的控制。

注意上述发音要领,做下列练习:

なねに　にねな　なのぬ　ぬのな

なねにぬ　ねのなの　なにぬねの
なねにぬねのなの　なあなあ　にこにこ
ぬめぬめ　ねとねと　のこのこ

　开始练习时,可慢读,每个假名之间可略留间隔。随着逐步熟练,可加快频率。

　　上面一组练习练好之后,可再练下面一组：
ならなら，にりにり，ぬるぬる，ねれねれ，のろのろ

　2) 要想练好ら行假名,有一点要注意。这就是它与汉语的[l]也有区别。简单地说,日语的[ɾ]是舌叶去弹拨上齿龈,换言之是积极的弹舌；而汉语的[l]是舌尖抵住上齿龈,气流从舌头的一侧或两侧边缘流出,舌尖不向前弹拨,舌部肌肉相对放松。

注意上述发音要领,做下列练习：

られり　りれら　らろる　るろら
られりる　れろらろ　らりるれろ
られりるれろらろ　らくらく　りんりん
るいるい　れいれい　れろれろ，
ろうろう　のろのろ　ろくろく

　3) 由于发ら行假名的辅音时,舌叶向上齿龈弹拨,所以与だ行假名的舌位——舌尖抵住上齿龈——相当接近,使得诸如闽南、台湾地区的人在发だ行假名时,舌尖也弹拨,造成だ行与ら行的混淆。

纠正的要点：

　发だ行时,切忌舌尖弹拨。舌尖要抵住上齿,舌面前部与上齿龈有短暂的接触,接触后靠下巴的拉开脱离接触,从而发出"だ"。

注意上述发音要领，做下列练习：

(1) 发音练习

　　だでど　　　どでだ　　　だでぢづでどだど
　　だらだら　　だらり　　　どろどろ

(2) 通过含有た行与な行、ら行假名的词与含有だでど与な行、ら行假名的词，练习だ行、な行、ら行假名的发音。

　　たれ⓪（垂れ）　　だれ①（誰）　　なれ⓪（慣れ）
　　てる①（照る）　　でる①（出る）　　ねる①（練る）
　　とる①（取る）　　ドル①　　　　　のる⓪（乗る）
　　たに②（谷）　　　だに②　　　　　なに①（何）
　　てだし①（手出し）　　でなおす③（出直す）
　　なれる②（慣れる）
　　との①（殿）　　　どの①　　　　　のろのろ①

(3) 对比练习だ行、な行、ら行假名在相同位置上的发音。

　　はな②（花）　　はら②（腹）　　はだ①（肌）
　　なく⓪（泣く）　らく②（楽）　　だく⓪（抱く）
　　おに②（鬼）　　おり②（折り）　おじ⓪（叔父）
　　にく②（肉）　　りく⓪（陸）　　じく②（軸）
　　しぬ⓪（死ぬ）　しる⓪（知る）　しず①（贱）
　　ぬく⓪（抜く）　ルクス①　　　　ずし①（図示）
　　はね⓪（羽）　　はれ②（晴れ）　はで②（派手）
　　ねんきゅう⓪（年休）　　れんきゅう⓪（連休）
　　でんきゅう⓪（電球）
　　どの①　　　　　どろ②（泥）　　どど①（度々）
　　のく②（退く）　ろく②（六）　　どく②（毒）
　　なだ①（灘）　　なら①（奈良）　なな①（七）
　　てあし①（手足）　てだし①（手出し）

　　　　てなし⓪(手無し)　　テラス①

5. せ ≠ 셰　(歇)[せんせい(先生) ≠ しぇんしぇい]

受朝语的影响,一些朝鲜族学习者在发假名"せ"时,往往读成"歇"。这是不对的。这是由于把[s]读成了[ʃ]。

纠正的要点:

　　a. 舌叶不要抬起接近上齿龈和硬腭,而是舌尖靠近上齿形成一条狭窄的缝隙,气流摩擦而出。

　　b. 先发"さ",体会"さ"中的辅音"s",再用这个"s"与"え"拼读,就比较容易得到正确的"せ"。

注意上述要点,做以下练习:

　　朗读下列单词,练习"せ"的发音。

　　せんせい③(先生)　　おんせん⓪(温泉)
　　がくせい⓪(学生)　　せいしつ⓪(性質)
　　せつめい⓪(説明)　　かいせつ⓪(開設)
　　えんせん⓪(沿線)　　せいこう⓪(成功)
　　こうせい⓪(校正)　　せきにん⓪(責任)
　　しんせき⓪(親戚)　　せっしゅ①(摂取)
　　しゅっせ⓪(出世)　　じっせき⓪(実績)

6. し ≠ 西 ≠ she

日语的"し",发音比较独特。比较常见的问题主要有三。

1) 部分北方人容易读得过紧,也就是将辅音[s]与元音[i]相拼读,并且摩擦过重,特别是一些北京地区的年轻女子。

纠正的要点:

　　上下齿不要紧紧对齐合拢,不要用舌尖接近上齿龈,而要用舌叶接近上齿龈。

2) 大部分北方人一般是容易把"し"读成普通话的"西"。普通话的"西"的辅音是前舌面与硬腭摩擦生成的,元音[i]的位置比日语靠上。而"し"的辅音位置比"西"靠前。元音舌位比汉语略低。

纠正的要点：

应该是舌叶与上齿龈之间产生摩擦生成。即把发"西"的舌面降低一点,舌叶抬起一点并向上齿龈靠近一点。

3) 上海及江浙一带的人,容易把"し"读得过于靠后,而且发音时双唇略向前突出并略有圆唇的倾向。发得有些类似英语单词"she(她)"。

纠正的要点：

唇部和舌部肌肉自然放松,舌叶应向上齿龈靠近一些。

注意上述要点,做以下练习：

朗读下列单词,练习"し"的发音。

あし②(足)　　　　いし②(石)
うし⓪(牛)　　　　えし①(絵師)
おし⓪(押し)　　　かしこい③(賢い)
きしつ⓪(気質)　　くしめ⓪(櫛目)
けっして⓪(決して) こしかけ③(腰掛け)
さしみ③(刺し身)　 すし②(寿司)
せっし①(摂氏)　　 そしき①(組織)
たしか①(確か)　　 ちしき①(知識)
でし②(弟子)　　　 とし①(都市)
ししそんそん①-⓪(子々孫々)

三　几种比较难读的音

这一节要和大家探讨几种日语中比较难读的音。之所以难读，是因为和中文的读音习惯不大一样。最不同的一点，是除了拗音之外，每个假名都读一拍。这种拍子的感觉，对于我们学日语的人来说，需要一定的努力和训练。

在这一节里要集中探讨长音、促音、拗音、拨音的问题。

1. おばあさん＆おばさん[奶奶 & 阿姨]（长音）

如果是学过英语的读者，对于音的长短区别是有感觉的。日语中有长短音之别，并且影响词义。比如，题目中"おばあさん"和"おばさん"，仅仅一个长短音之别使这两个词差了"一辈"。汉语中没有长短音之别。

我们容易出现的错误是长音不够长。解决这一问题，重要的是要将一个假名的元音拉长一倍。由于汉语里没有这一习惯，我们在发音时往往容易"偷懒"，长音不足二拍。

纠正的要点：

可以通过打拍子来控制，保证发满两拍。比如，"かあさん"一词，一定要使"かあ"保证两拍，"さ""ん"各发满一拍。诚然，日本人在发长音时，实际上往往也没有达到完整的二拍。但是，作为外国人学习日语，如果一开始不能发音到位，日后就很难保证正确发音。

注意上述发音要点，做以下练习：

短音与长音的区别。

あと①（後）　　　アート①

うる◎(売る)	ウール①
えき①(駅)	えいき①(鋭気)
おき◎(沖)	おおきい③(大きい)
かさん①(華さん)	かあさん①(母さん)
きっぷ◎(切符)	キープ①
くかん①(区間)	くうかん◎(空間)
けしん◎(化身)	けいしん◎(軽震)
こふん◎(古墳)	こうふん◎(興奮)
さがす◎(探す)	サーカス①
しる◎(知る)	シール①
すし②(寿司)	すうし◎(数詞)
せかい①(世界)	せいかい◎(正解)
そこく①(祖国)	そうこく◎(相克)
ちず①(地図)	チーズ①
てき◎(敵)	ていき①(定期)
とぶ◎(飛ぶ)	とうぶ①(東部)
なす①(成す)	ナース①
のど①(喉)	のうど①(濃度)
はと①(鳩)	ハート◎
ひる②(昼)	ヒール◎
ビル①	ビール①
へき①(癖)	へいき◎(平気)
ほる①(掘る)	ホール①
まく②(幕)	マーク①
むす①(蒸す)	ムース①
めん①(綿)	メーン①
もる◎(盛る)	モール①
やど①(宿)	ヤード①

ゆき②(雪)　　　　ゆうき①(勇気)
よい①(良い)　　　ようい①(用意)
りす①(栗鼠)　　　リース①
るす①(留守)　　　ルーズ①
レザー①(leather)　レーザー(LASER)①
ろしん⓪(炉心)　　ろうしん⓪(老親)
わく⓪(湧く)　　　ワーク①

有时,我们也会把短音读成长音。特别是用日语读中国人的姓名时。比如"杜(と)さん"读成"唐(とう)さん","鲁(ろ)さん"读成"楼(ろう)さん","華(か)さん"读成"かあさん",这也需要我们注意。该长则长,当短则短。

2.かっこ&かこ[括弧 & 过去](促音)

促音对于会讲广东、闽南、上海等方言的读者应该不难,因为这几种方言中都有入声,入声的发音方法与促音有相近之处。而对其他地区的读者来说,促音的"空一拍"不太好掌握,也不太容易习惯。因此,拍节感仍然是解决这一问题的关键。

纠正的要点:

促音前的假名发满一拍之后,随即作好发促音后假名的口形准备,包括舌位、唇形等。特别需要注意的是,发音部位要有紧张感,不能仅仅空一拍。这样的话,一个单词将被断成两个部分,意义将受到影响。促音的发音应该是声断气停却不断,要一口气读出,不能换气。

a.っ+か行→后舌面抵软腭堵住气流并保持一拍。

如:がっこう　ひゃっかてん　ロッカー

b.っ+さ行→舌尖靠近上齿龈,形成狭窄缝隙,造成摩擦送出气流一拍。

　　如:いっそく　ざっし　ねっしん

　　c.っ+た行→舌尖抵上齿龈堵住气流并保持一拍。

　　如:きって,いった,やっつ,ずっと

　　d.っ+ぱ行→闭唇堵住气流并保持一拍。

　　如:きっぷ　しっぽ　ほっぺた

注意上述发音要点,做以下练习:

　　朗读下列单词,练习促音与非促音的区别。

あっか⓪(悪化)	あか①(赤)
いっさん③(一散)	いさん⓪(胃酸)
うったえ③(訴え)	うたえ⓪(歌え)
えっとう⓪(越冬)	えど⓪(江戸)
おっと⓪(夫)	おと②(音)
かっけい⓪(活計)	かけい⓪(家計)
がっぴ⓪(月日)	がび①(蛾眉)
きっすい⓪(生っ粋)	きすい⓪(汽水)
クッキー①	くき②(茎)
けっそう③(血相)	けそう②(消そう)
こっこう⓪(国交)	ここう⓪(糊口)
さっち①(察知)	さち①(幸)
ざっし⓪(雑誌)	ざし①(座視)
しっぷ⓪(湿布)	しぶ①(支部)
すっと③	スト①
せっつく③	せつく②
そっと①	そと①(外)
たっせい⓪(達成)	たせい⓪(他姓)
だって①	だて⓪(伊達)

なっとう③(納豆)	など①(等)
はっぱ⓪(葉っぱ)	はば⓪(幅)
ばっしょう⓪(跋渉)	ばしょう⓪(芭蕉)
パック①	パク①(朴)
マット①	まど①(窓)
やっきょく⓪(薬局)	やきょく①(夜曲)
らっかん⓪(楽観)	らかん①(羅漢)
わっと①	わとう⓪(話頭)

3.かかく＆かんかく[价格＆感觉](拨音)

拨音的发音虽然不像促音、长音那样,发不准会导致信息传递的错误。但发不好首先不好听,更重要的是会影响自己听力的训练、适应与提高。因此,解决好拨音的问题同样重要。

拨音的首要问题,仍然是拍子的问题,也就是汉语鼻韵母的干扰问题。汉语的鼻韵母,不论是前鼻韵母还是后鼻韵母,都在一个节拍内完成。如[e n][e n g],[n][n g]均与其前韵母[e]合为一拍。而日语的"ん",与其前面的假名各占一拍。特别是一个单词或词组中有两个或两个以上的拨音出现时,我们容易吞音。

所以,我们要记住:

あん≠安	いん≠因	うん≠温	えん≠恩	———
かん≠康	———	———	———	こん≠空
さん≠桑	しん≠新	すん≠森	せん≠森	そん≠松
たん≠坛	ちん≠亲	———	———	とん≠同
なん≠南	ねん≠嫩	———	———	のん≠浓
———	ふん≠奋	———	へん≠恨	ほん≠红

まん≠蛮　みん≠民　────　めん≠们　もん≠梦
やん≠杨　────　────　────　よん≠拥
らん≠郎　りん≠淋　るん≠抡　────　ろん≠隆

纠正的要点：

a. 先将"ん"前的假名与"ん"断开来念,各念1拍,以习惯2拍的感觉,克服汉语合为1拍的习惯。

b. 去掉断开的处理,将两个假名连贯地读出来,但要保证2拍。可用打拍子的方法检验。

注意上述发音要点,做以下练习：

1) 不含拨音的字词与含拨音字词的对比练习。

あい①(愛)　　　あんい①(安易)
あき①(秋)　　　あんき⓪(暗記)
あし②(足)　　　あんしん⓪(安心)
あな②(穴)　　　あんな⓪
いし②(石)　　　いんしん⓪(音信)
うえ⓪(上)　　　うんえん⓪(雲煙)
えいが⓪(映画)　えんか①(演歌)
おか⓪(丘)　　　おんかん⓪(音感)
かかく⓪(価格)　かんかく⓪(感覚)
かがく①(化学)　かんがく⓪(漢学)
きき①(危機)　　きんきん⓪(近々)
けっか⓪(結果)　けんか⓪(喧嘩)
げか⓪(外科)　　げんかん①(玄関)
こと②(事)　　　こんど①(今度)

2) 含多个拨音的词、词组的练习。

せんりがん⓪(千里眼)
たんきかん③(短期間)

はんぼいん③(半母音)
　　ランニング⓪(running)
　　はんせいひん③(半製品)
　　へんとうせん⓪(扁桃腺)
　　もんがいかん③(門外漢)
　　ぜんはんせん⓪(前半戦)
　　たんさんせん③(炭酸泉)
　　てんあんもん③(天安門)
　　てんねんりん③(天然林)
　　はんしんろん③(汎神論)
　　まんいんでんしゃ⑤(満員電車)
　　せいしんぶんめい⑤(精神文明)
　　にんげんかんけい⑤(人間関係)
　　てんしんらんまん⓪(天真爛漫)
　　じゅんぷうまんぱん⓪(順風満帆)
　　ほんこんへんかん①-⓪(香港返還)
　　こうつうあんぜんじゅんかん⑨(交通安全旬間)

4.びょういん&びよういん(医院 & 美容院)(拗音)

　　我们一直强调日语一个假名一拍,而且不要拼读、连读,但只有拗音例外。

　　拗音在书写上占两格,但在朗读上占一拍。它是由い段假名的辅音与や、ゆ、よ拼读而成。如果读不好,容易和い段假名与や、ゆ、よ的组合混淆,还容易和い段假名与あ、う、お的组合混淆。

纠正的要点:

　　拗音一定要拼读为一拍;而い段假名与や、ゆ、よ的组合

则一定要各读满一拍：い段假名与あ、う、お的组合则切记不可将い与后面的あ、う、お拼读、连读。

注意上述发音要点，做以下练习：

1) 直音与拗音的区别

きやく⓪(規約)　　　きゃく⓪(客)
きゆう⓪(杞憂)　　　きゅう⓪(急)
きよし①(清志)　　　きょし①(挙止)
しやく⓪(試薬)　　　しゃく②(尺)
じゆう②(自由)　　　じゅう①(十)
しゆうち②(私有地)　しゅうち①(周知)
しようけん②(使用権)しょうけん⓪(証券)
ちゆう⓪(知友)　　　ちゅう①(宙)
ちよ①(千代)　　　　ちょ①(著)
ひやく⓪(飛躍)　　　ひゃく②(百)
びよういん②(美容院)びょういん⓪(病院)
りやく①(利益)　　　りゃく⓪(略)
りゆう⓪(理由)　　　りゅう①(劉)
りよう⓪(利用)　　　りょう①(量)

2) 元音与拗音的区别

きあつ⓪(気圧)　　　キャアキャア①
きうけ⓪(気受け)　　きゅうけい⓪(休憩)
きおく⓪(記憶)　　　きょく⓪(曲)
しあつ⓪(指圧)　　　シャツ①
しうち⓪(仕打ち)　　しゅうち①(周知)
しおさい⓪(潮騒)　　しょさい⓪(書斎)
チア①　　　　　　　ちゃ⓪(茶)

3) 绕口令

1.となりのきゃくはよくかきくうきゃくだ(隣の客は

よく柿食う客だ)。

 2.とうきょうとっきょきょかきょくのきょかしょ(東京特許許可局の許可書)

 3.しゅんぶんのひとしゅうぶんのひのしんぶん(春分の日と秋分の日の新聞)

 4.ほそみぞにどじょう　にょろり　にょろり　にょろり(細溝にどじょう　にょろり　にょろり　にょろり)

 5.ひゃくせんひゃくしょう　ひゃっぱつひゃくちゅう(百戦百勝　百発百中)

小会話(2)

陳娟(ちんけん):よいお年をお迎えください。/祝你过个好年。

池上(いけがみ):よいお年を。/过年见。

……………………

池上:明けましておめでとうございます。/新年好

陳娟:明けましておめでとうございます。/新年好。

第四章　日语词调

一　词调 ABC

词调是单词中音调的高低、强弱配置关系。这种关系是相对的、约定俗成的。

词调具有辨别同音词词义、划分词与词的分界的作用。

世界各种语言的词调大致可分为高低、强弱两种类型。日语属于高低型词调。

1. 日语词调的特点：

日本各地方言不同,词调也各有特点。现代日语通用语是以东京地区方言为基础形成的。因此,本书标注、讲解的日语词调以东京方言的词调为准。它具有以下特点：

1) 音调的高低配置出现在假名与假名之间,一个假名内没有高低变化。例如：

バス　　　　　　　　 ‾| ＿	公共汽车
おかし(お菓子)　＿|‾|＿	点心
はたらく(働く)　＿|‾‾‾|＿	劳动、干活
うれしい　＿|‾‾‾|	高兴

2) 一个单词的第一、二个假名音调高低不同。第一个假

名高,第二个假名必然低,第一个假名低,第二个假名就必然高。只有一个假名构成的词,其音调高低的不同体现在与后接成分的关系上。例如:

　　はが(葉が)　⌐￣|　　　　　　　叶子………

　　はが(歯が)　￣⌐|　　　　　　　牙齿……

3) 一个单词内不能有两处高音调。换言之,只有一次升降,不可能有两次升降。以三个假名构成的词后续助词が为例,可以有高低低低、低高高高、低高高低、低高低低 4 种组合,而不能有高低高低、低高低高的配置。

　　いのちが(命が)　￣|_|_|_|　　　　　生命……

　　からだが(体が)　|_|￣|￣|￣|　　　　身体……

　　あたまが(頭が)　|_|￣|￣|_|　　　　脑袋……

　　あなたが　|_|￣|_|_|　　　　　　你……

2．日语词调的标注方法

日语词调的标注方法很多,比较常见的有数码法和划线法。

1) 数码法

⓪　该词第 1 个假名低读,后面的假名高读。例如,行く(いく)⓪。

①　该词第 1 个假名高读,后面的假名低读。例如,秋(あき)①。

②　该词第 1 个假名低读,第 2 个假名高读,后面的假名低读。例如,話す(はなす)②,山(やま)②。

③　该词第 1 个假名低读,第 2、3 个假名高读,后面的假

名低读。例如,涼しい(すずしい)③,娘(むすめ)③。

④ ....

还有一种数码式标注方法,从词尾逆计数。

-1　（高读到该词倒数第1个假名）
-2　（高读到该词倒数第2个假名）
-3　（高读到该词倒数第3个假名）
-4　............

这种方法适合于掌握动词、形容词的词调规则。动词和形容词的词调很有规律,为⓪调和-2调两种。-2调的动词、形容词不论是几个假名构成的词,均高读到从词尾倒数第2个假名。例如下面这些动词、形容词的词调用正计数标注时各不相同,然而用逆计数标注时均为-2调。

来る(くる)①	-2	来
起こる(おこる)②	-2	发生
尋ねる(たずねる)③	-2	打听、寻找
現れる(あらわれる)④	-2	出现
良い(よい)①	-2	好
青い(あおい)②	-2	蓝、绿
正しい(ただしい)③	-2	正确的
新しい(あたらしい)④	-2	新

2）划线法

划线法是在高读假名上划线。与数码法对应如下：

友達⓪	ともだち̄	朋友
春①	は̄る	春天
心②	ここ̄ろ	心

短い③	みじかい	短
細長い④	ほそながい	细长
歩き回る⑤	あるきまわる	奔波

可以看出，划线法具有直观性，标注语流中的音调更为方便。例如：

友達が来ました　　　　ともだちがきました
（朋友来了）

3．日语词调的类型

日语词调大致有四种类型。

1) 该词第一个假名为低调，后面的假名和后续成分为高调；
2) 该词第一个假名为高调，后面的假名和后续成分为低调；
3) 该词第一个假名为低调，后面的假名为高调，后续成分降为低调；
4) 该词第一个假名为低调，第二个（或第二、三个……）假名为高调，第三个（或第三、四个……）假名和后续成分又降为低调。

类型1）一般称为**平板式**调型。类型2）、3）、4）一般称为**起伏式**调型。其中2）为**头高型**，3）为**尾高型**，4）为**中高型**。

以上分类可参照下表。

平板	きが˥ (気が)	かぜが˥ (風が)	くすりが˥ (薬が)	がくせいが˥ (学生が)	さくらいろが˥ (桜色が)
头高	˥きが (木が)	˥せきが (席が)	˥いのちが (命が)	˥げんかんが (玄関が)	˥アクセントが
尾高		˥かみが˩ (紙が)	˥おとこが˩ (男が)	˥おとうとが˩ (弟が)	˥あんないしょが˩ (案内所が)
中高			˥しけんが˩ (試験が)	˥みなさんが˩ (皆さんが)	˥おかあさんが˩ (お母さんが)
				˥みずうみが˩ (湖が)	˥かぜぐすりが˩ (風邪薬が)
					˥はなしごえが˩ (話し声が)

二　名词的词调

名词的词调几乎没有什么规律可循。一个假名构成的名词,可以有⓪、①两种调型。两个假名构成的名词,可以有⓪、①、②三种调型。以此类推,也就是说,名词具有的调型数量比它的假名数量多一个。见下表。

假名数 调型	1	2	3	4	5
⓪	ひ (日)	はし (端)	てがみ (手紙)	ともだち (友達)	ひだりがわ (左側)
①	ひ (火)	はし (箸)	でぐち (出口)	さんがつ (三月)	ターミナル
②		はし (橋)	なかみ (中身)	あさがお (朝顔)	おかあさん (お母さん)
③			ふたり (二人)	たいふう (台風)	ひるやすみ (昼休み)

④				いもうと（妹）	わたしぶね（渡し船）
⑤					おしょうがつ（お正月）

注：5个假名以上的名词多为复合词或派生词。

从各种调型的大致分布来看,越短的词头高型越多,越长的词中高型越多,中等长度的词平板式较多。具体说来,头高型主要分布在1、2个假名组成的词里。平板式主要分布在3、4个假名组成的词里。中高型主要分布在5个假名以上的复合词里。尾高型主要分布在2、3个假名组成的词里。

名词的词调虽然没有什么规律,但名词后接助词、助动词以及构成派生词、复合词的词调有一定的规律。

1．名词后续助词、助动词时的词调

名词后接助词、助动词时,原则上词调不变。平板式调型的名词一直高读下去,起伏式名词仍然高读到原先的假名。不过,因不同种类的助词、助动词而略有不同。分为以下几种情况：

1) 助词が、を、で、に、は、から、ほど　助动词だ

a. 平板式一直高读下去

気⓪→車に(きをつけてください)。/小心汽车。

友達⓪→(ともだちから)メールが来ました。

　　　　　　　　　　　　　　　/朋友发来电子信函。

ここ⓪→本屋は(ここだ)。/书店在这里。

b. 起伏式保持原来的调型

中国①→(ちゅうごくから)来た王新と申します。
/我从中国来，名叫王新。

心②→(こころから)感謝します。/衷心感谢。

頭③→(あたまに)来ました。/生气了。

水曜日③→明日は(すいようびだ)。
/明天是星期三。

2) 助词の

a. 平板式一直高读下去

隣⓪→(となりの)部屋/隔壁的房间

b. 头高型、中高型保持原来的调型

李さん①→(りさんの)学校/小李的学校

湖③→(みずうみの)ほとり/湖畔

c. 尾高型可变成平板式一直高读下去

部屋②→(へやの)鍵/房间钥匙

d. 以拨音、长音结尾的中高型可变成平板式一直高读下去

日本②→(にほんの)友人/日本朋友

昨日②→(きのうの)朝/昨天早上

3) 助词こそ、など、まで、より、くらい(ぐらい)…助动词です

a. 平板式高读到助词、助动词的第一个假名

英語⓪→(えいごより)易しい。/比英语容易。

東京⓪→(とうきょうまで)3時間かかります。

/到东京要3个小时。

学生⓪→わたしは(がくせいです)。/我是个学生。

b. 起伏式保持原来的调型

12時③→(じゅうにじまで)テレビを見ました。

/看电视到12点。

8時②→出発は朝(はちじです)。/早上8点出发。

男③→犯人は(おとこです)。/犯人是个男的。

4) **助动词だろう、らしい、でしょう**

a. 平板式高读到助动词的第二个假名

鈴木さん⓪→あの人は(すずきさんでしょう)。

/那个人是铃木吧。

切符⓪→あれは電車の(きっぷらしい)。

/那像是电车票。

b. 起伏式保持原来的调型

天気①→明日はいい(てんきらしい)。

/明天似乎天气不错。

明日②→会議は(あすでしょう)。/会议是明天吧。

以上为名词后续一些常见的助词、助动词时的音调规则，可归纳为下表：

名词后续助词、助动词时的音调

名词调型 / 后续成分	平板式 みず(水)	尾高型 やま(山)	中高型 さかい(境)	头高型 うみ(海)
が、に、を、と、で、へ、は、も、や、から、ほど、として、だ	みずは みずから みずだ	やまは やまから やまだ	さかいは さかいから さかいだ	うみは うみから うみだ
の	みずの	やまの	さかいの (きのうの)	うみの
など、でも、まで、こそ、さえ、より、です、ぐらい、ばかり	みずこそ みずです みずばかり	やまこそ やまです やまばかり	さかいこそ さかいです さかいばかり	うみこそ うみです うみばかり
でしょう、だろう、らしい	みずだろう みずらしい	やまだろう やまらしい	さかいだろう さかいらしい	うみだろう うみらしい

由上表可以看出：

平板式名词后续助词、助动词时有三种情况：一是包括助词在内保持原来的平板式调型；二是高读到助词、助动词的第1个假名；三是高读到助动词的第2个假名。

起伏式名词除了尾高型和部分中高型后续助词"の"时读成平板式之外，均保持原来的调型。

＊另外，助词"だけ"不论接在任何调型的名词后面，都可以读成平板式。如：

みず①→みずだけ①

やま②→やまだけ①

こころ②→こころだけ⓪
うみ①→うみだけ⓪

助词"ばかり""ぐらい"接在起伏式名词后面时,也可以像平板式名词那样,高读到助词的第1个假名。如:
みず⓪→みずばかり③
やま②→やまばかり③
こころ②→こころばかり④
うみ①→うみばかり③

接尾词"らしい"接在起伏式名词后面时,可以像平板式名词那样,高读到助词的第2个假名。如:
みず⓪→みずらしい④
やま②→やまらしい④
みずうみ③→みずうみらしい⑥
うみ①→うみらしい④

听录音朗读下列成语。注意名词后接助词时的音调。

(1) うまがあう(馬が合う)/对脾气、脾气相投
(2) はながたかい(鼻が高い)/得意、自豪
(3) はなよりだんご(花より団子)/不求美观、但求实惠
(4) ろんよりしょうこ(論より証拠)/事实胜于雄辩
(5) やまいはきから(病は気から)/病从心头起
(6) さるもきからおちる(サルも木から落ちる)
　　　　　　　　　　　　　　　　　/智者千虑,必有一失
(7) ひょうたんからこま(ひょうたんから駒)/事出意外
(8) あとのまつり(後の祭り)/雨后送伞
(9) いしのうえにもさんねん(石の上にも三年)/功到自然成

89

(10) うんでいのさ(雲泥の差)/天壤之別,云泥之别
(11) ひのてがあがる(火の手が上がる)/火焰腾空而起
(12) ひのでのいきおい(日の出の勢い)/旭日升天之势

2. 复合名词的词调

每一个独立的名词都有词调。而当两个名词组成一个复合名词时,原来的两个词调要合为一个。有以下几种情况:

1) 原则上音调高读到后项词的第一个假名。整个复合词为中高型音调。例如:

風邪薬(かぜ+くすり→かぜぐすり)③/感冒药

保険会社(ほけん+かいしゃ→ほけんがいしゃ)④
/保险公司

テレビドラマ(テレビ+ドラマ→テレビドラマ)④
/电视剧

2) 后项词调型原为中高型时,原则上高读到原后项词高调所在位置。也可以高读到后项词的第一个假名。整个复合词为中高型词调。

入学試験(にゅうがく+しけん→にゅうがくしけん、
にゅうがくしけん)⑥⑤   /入学考试

アイスコーヒー(アイス+コーヒー→アイスコーヒー)⑥   /冰咖啡

3) 词调高读到前项词的最后一个假名上。整个词的调型为中高型。例如:

隅田川(すみだ+かわ→すみだがわ)③/隅田川

子守り歌(こもり+うた→こもりうた)③/摇篮曲
4) 整个复合词为平板式调型。

桜色(さくら+いろ→さくらいろ)⓪/淡红色

清水寺(きよみず+てら→きよみずでら)⓪/清水寺
5) 还有一些复合词可以有 3)、4)两种调型。

向かい風(むかいかぜ、むかいかぜ)③⓪/逆风、顶风

出入り口(でいりぐち、でいりぐち)③⓪/出入口

听录音,练习下列复合名词的词调。
(1)

星印(ほしじるし)③	星号
夏休み(なつやすみ)③	暑假
渡し船(わたしぶね)④	渡船
ガラス窓(ガラスまど)④	玻璃窗
曇り空(くもりぞら)④	阴沉的天空
話し言葉(はなしことば)④	口语
病気見舞い(びょうきみまい)④	探病
昼ご飯(ひるごはん)③	午饭
友好都市(ゆうこうとし)⑤	友好城市
東南アジア(とうなんアジア)⑤	东南亚
短期大学(たんきだいがく)④	大专
高等学校(こうとうがっこう)⑤	高中
国立公園(こくりつこうえん)⑤	国立公园
昭和時代(しょうわじだい)④	昭和时代
近代文学(きんだいぶんがく)⑤	近代文学
教育番組(きょういくばんぐみ)⑤	教育节目

スポーツ新聞(スポーツしんぶん)⑤　　　体育报
ビジネス会話(ビジネスかいわ)⑤　　　商务会话

(2)
市立図書館(しりつとしょかん)⑤　　　市立图书馆
教育委員会(きょういくいいんかい)⑥　　教育委员会
東北地方(とうほくちほう)⑤⑥　　　東北地区
横浜市役所(よこはましやくしょ)⑥　　横滨市政厅
国産自動車(こくさんじどうしゃ)⑥　　国产汽车
中華人民共和国(ちゅうかじんみんきょうわこく)⑩
アイスクリーム⑤　　　　　　　冰激凌
タイムスイッチ⑤　　　　　　　定时钮

(3)
田植え歌(たうえうた)③　　　　插秧歌
五目寿司(ごもくずし)③　　　　什锦寿司饭
点取り虫(てんとりむし)④　　　分数迷
紫色(むらさきいろ)⓪　　　　　紫色
ウサギ小屋(うさぎごや)⓪　　　兔子笼
笑い顔(わらいがお)⓪　　　　　笑脸
血液型(けつえきがた)⓪　　　　血型
南向き(みなみむき)⓪　　　　　朝南

3. 派生名词的词调

由名词加接头词、接尾词组成的派生名词的词调和复合名词一样,也有一定的规律。

1) 接头词お、ご

a. 按平板式调型
お酒(おさけ)⓪　　　　酒
お金(おかね)⓪　　　　钱

お寺(おてら)⓪	寺院
お年(おとし)⓪	贵庚
お名前(おなまえ)⓪	贵姓
お二人(おふたり)⓪	您二位
ご希望(ごきぼう)⓪	您希望(的)
ご成功(ごせいこう)⓪	您(的)成功

b. 按中高型调型

お箸(おはし)②	筷子
お仕事(おしごと)②	您的工作
お天気(おてんき)②	天气
お電話(おでんわ)②	您的电话,给您的电话
お手洗い(おてあらい)③	洗手间
ご両親(ごりょうしん)②	您父母
ご住所(ごじゅうしょ)②	您的住址

听录音,朗读下列句子。

(1)

お部屋へご案内しましょう。	我带您去房间吧。
お迎えに参ります。	我来接您。
お休みください。	请休息。晚安。
おかげさまで。	托您的福。
お言葉に甘えて……	恭敬不如从命。
ご都合いかがでしょうか。	您时间上方便吗?
ご馳走様でした。	谢谢您的款待。
ご健康をお祈りします。	祝您健康。

(2)

お手紙ありがとうございました。　　謝謝您的来信。

お体をお大事に。　　保重身体。

おかわりは？　　再来一碗(一杯)？

どうもご丁寧に。　　謝謝您这么客气。

……ご存知ですか。　　您知道……吗？

ご親切ありがとうございます。　　謝謝您这么热心。

2) 名词加接尾词

a. 词调高读到前项词的最后一个假名上。整个派生名词的调型为中高型。例如：

岩手県(いわてけん)③　　岩手县

中国人(ちゅうごくじん)④　　中国人

図書館(としょかん)②　　图书馆

b. 整个派生名词为平板式调型。

小児科(しょうにか)⓪　　小儿科

魚屋(さかなや)⓪　　鱼店

仕事中(しごとちゅう)⓪　　正在工作

c. 还有一些派生名词可以有 a、b 两种调型。

潤滑油(じゅんかつゆ、じゅんかつゆ)④⓪/润滑油

喫茶店(きっさてん、きっさてん)⓪③/茶座

管理人(かんりにん、かんりにん)⓪③/管理员

听录音,练习下列派生名词的词调。

(1) 大阪府(おおさかふ)④　　　　大阪府
　　名古屋市(なごやし)③　　　　名古屋市
　　テレビ局(テレビきょく)③　　电视台
　　雑誌社(ざっししゃ)③　　　　杂志社
　　経理部(けいりぶ)③　　　　　财会部
　　会社員(かいしゃいん)③　　　公司职员
　　看護婦(かんごふ)③　　　　　护士
　　歴史学(れきしがく)③　　　　历史学
　　電話料(でんわりょう)③　　　电话费
　　事務室(じむしつ)②　　　　　办公室
(2) 伝染病(でんせんびょう)⓪　　传染病
　　危険性(きけんせい)⓪　　　　危险性
　　総務課(そうむか)⓪　　　　　庶务科
　　外国語(がいこくご)⓪　　　　外语
　　試験場(しけんじょう)⓪　　　考场
　　中国製(ちゅうごくせい)⓪　　中国制造
　　キリスト教(キリストきょう)⓪　基督教
　　糖尿病(とうにょうびょう)⓪　糖尿病
　　時刻表(じこくひょう)⓪　　　时间表
　　紳士用(しんしよう)⓪　　　　男式
　　一日中(いちにちじゅう)⓪　　一整天
　　会議中(かいぎちゅう)⓪　　　正在开会

3) 敬称接尾词

日语中有一些接在人名等词语后面的接尾词,其调型根据前面所接词语的调型而定。

(1) 接尾词さん、さま、ちゃん、くん

a. 前面的词语如为平板式,按平板式调型。

　　田中さん(たなかさん)⓪　　　田中先生(女士)
　　山田様(やまださま)⓪　　　　山田先生(女士)
　　直美ちゃん(なおみちゃん)⓪　直美
　　木村君(きむらくん)⓪　　　　木村同学

b. 前面的词语如为起伏式,按起伏式调型。

　　三木さん(みきさん)①　　　　三木先生(女士)
　　松下様(まつしたさま)②　　　松下先生(女士)
　　美代ちゃん(みよちゃん)①　　美代
　　淳君(じゅんくん)①　　　　　阿淳
　　張さん(ちょうさん)①　　　　小张、老张

(2) 接尾词たち、氏

a. 前面的词语为平板式时,高读到前面词语的最后一个假名。

　　村人たち(むらびとたち)④　　村民们
　　佐田氏(さだし)②　　　　　　佐田氏

b. 前面的词语为起伏式时,按原调型。

　　高さんたち(こうさんたち)①　小高他们、老高他们
　　中川氏(なかがわし)②　　　　中川氏

(3) 接尾词がた

是接尾词たち的敬语说法,不论前面的词语为何种调型,均按平板式调型或高读到"がた"的第一个假名。

　　あなたがた⓪④　　　　　　　你们
　　ご婦人方(ごふじんがた)⓪⑤　女士们

(4) 接尾词ども

是接尾词たち的谦语说法。高读到"ども"的第一个假名。

私ども(わたくしども)⑤ 　　　　我们

听录音,练习下列词语的词调。

A. 娘さん(むすめさん)⓪ 　　　　姑娘
　 お医者さん(おいしゃさん)⓪ 　　医生
　 佐々木さん(ささきさん)⓪ 　　　佐佐木先生(女士)
　 和田様(わだきま)⓪ 　　　　　和田先生(女士)
　 お子様(おこさま)⓪ 　　　　　您的孩子
　 お客様(おきゃくさま)⓪④ 　　　客人、顾客
　 中村君(なかむらくん)⓪ 　　　　中村
　 一恵ちゃん(かずえちゃん)⓪ 　　一惠
B. 山口さん(やまぐちさん)② 　　　山口先生(女士)
　 お母さん(おかあさん)② 　　　　妈妈、你母亲
　 大家さん(おおやさん)① 　　　　房东
　 郭さん(かくさん)① 　　　　　小郭、老郭
　 水野様(みずのさま)① 　　　　　水野先生(女士)
　 奥様(おくさま)① 　　　　　　夫人
　 王君(おうくん)① 　　　　　　小王
　 綾ちゃん(あやちゃん)① 　　　　阿绫
C. わたしたち③ 　　　　　　　我们
　 子どもたち(こどもたち)③ 　　孩子们
　 若者たち(わかものたち)④ 　　年轻人(复数)
　 山本氏(やまもとし)④ 　　　　山本氏
　 僕たち(ぼくたち)① 　　　　　我们(男孩子语)
　 李さんたち(りさんたち)① 　　小李他们
　 山崎氏(やまざきし)② 　　　　山崎氏
D. 先生方(せんせいがた)⓪⑤ 　　老师们
　 皆様方(みなさまがた)⓪⑤ 　　诸位

97

私ども(わたくしども)⑤　　　　　我们

4. 外来语名词的词调

日语名词中,外来语的词调有一定的规律。

1) 二、三个假名构成的单词头高型比较多。

　　ガス①/气体　　　　ゴム①/橡胶
　　ジャム①/果酱　　　バター①/黄油
　　カナダ①/加拿大　　スイス①/瑞士

以长音、拨音等结尾的词有一些为中高型。

　　スキー②/滑雪　　　フリー②/自由
　　グレー②/灰色　　　ブルー②/蓝色

2) 四个以上假名构成的单词中高型(-3)比较多。

　　アパート②(-3)/公寓
　　ロケット②(-3)/火箭
　　リアリズム③(-3)/写实主义
　　オーストラリア⑤(-3)/澳大利亚

3) 很早融入日语,日常生活中常用的词或某些圈内用词平板式调型较多。

　　ピアノ⓪/钢琴　　　　　ガラス⓪/玻璃
　　テーブル⓪/桌子　　　　アメリカ⓪/美国
　　スニーカー⓪/运动鞋　　スクーター⓪/小型摩托车

4) 某些词的词调接近原语。

　　タクシー①/出租车　　　テキスト①/课本、课文
　　パーティー①/社交聚会　アクセント①/重音、词调
　　レセプション②/欢迎宴会、招待会

听录音,朗读下列外来词。

(1) ガム①/口香糖　　　　　キロ①/公里、公斤
　　ペン①/笔、钢笔　　　　　パリ①/巴黎
　　テレビ①/电视　　　　　　カメラ①/照相机
　　ワイン①/葡萄酒　　　　　ジュース①/果汁
　　トマト①/西红柿　　　　　バナナ①/香蕉
　　ノート①/笔记本　　　　　コピー①/复印
　　ラジオ①/收音机　　　　　ニュース①/新闻
(2) デパート②/百货公司　　　スリッパ②/拖鞋
　　スポーツ②/体育运动　　　ブラウス②/女衬衫
　　クリスマス③/圣诞节　　　チョコレート③/巧克力
　　スケジュール③/日程安排　シンポジウム④/研讨会
(3) ハンカチ⓪/手绢　　　　　アンテナ⓪/天线
　　エジプト⓪/埃及　　　　　ブラジル⓪/巴西
　　ジョギング⓪/慢跑　　　　アルコール⓪/酒精
　　タイミング⓪/时机　　　　オープニング⓪/开始、开业
(4) フィクション①/虚构　　　フォーラム①/论坛
　　サーフィン①/冲浪　　　　ダイビング①/潜水
　　アクセサリー①/服饰品　　プレゼント②/礼物
　　クレジット②/信用卡

三　数词的词调

数词的词调比较复杂。位数越多越不好掌握。需要长时间听说练习。

1．个位数

10以下的个位数分为训读和音读。

a. 训读数词有三种调型:

尾高型:2つ(ふたつ)③、3つ(みっつ)③、
　　　　4つ(よっつ)③、6つ(むっつ)③、
　　　　8つ(やっつ)③
中高型:1つ(ひとつ)②、5つ(いつつ)②、
　　　　7つ(ななつ)②、9つ(ここのつ)②
头高型:10(とお)①

b. 音读数词有三种调型:

头高型:2(に)①、4(し)①、4(よん)①、
　　　　5(ご)①、7(なな)①、9(きゅう)①、
　　　　9(く)①、10(じゅう)①
尾高型:1(いち)②、6(ろく)②、7(しち)②、
　　　　8(はち)②
平板式:3(さん)⓪

2. 十位数

a. 11～19 有三种调型:

头高型:13(じゅうさん)①、15(じゅうご)①、
　　　　19(じゅうく)①
中高型:14(じゅうよん)③、17(じゅうなな)③、
　　　　19(じゅうきゅう)③
尾高型:11(じゅういち)④、12(じゅうに)③、
　　　　14(じゅうし)③、16(じゅうろく)④、
　　　　17(じゅうしち)④、18(じゅうはち)④

b. 20～29 有两种调型:

头高型:20(にじゅう)①、30(さんじゅう)①、

　　　　　40(よんじゅう)①、90(きゅうじゅう)①
中高型:40(しじゅう)②、50(ごじゅう)②、
　　　　　60(ろくじゅう)③、70(しちじゅう)③、
　　　　　70(ななじゅう)③、80(はちじゅう)③、
　　　　　90(くじゅう)②

＊头高型后接个位数字时，可以统一为头高型，如：
25(にじゅうご)①
97(きゅうじゅうなな)①
也可以各保持原来的调型，如：
31(さんじゅういち)①＋②
43(よんじゅうさん)①＋⓪

＊中高型后接个位数字时，要统一为个位数字的调型。个位数字为平板式时，整体为平板式。个位数字为起伏式时，整体为起伏式。如：
63(ろくじゅうさん)⓪
51(ごじゅういち)⑤
57(ごじゅうなな)④

3．百位数

100～900 有三种调型：

头高型:300(さんびゃく)①、400(よんひゃく)①、
　　　　　900(きゅうひゃく)①
尾高型:100(ひゃく)②、200(にひゃく)③、
　　　　　400(しひゃく)③、500(ごひゃく)③、
　　　　　600(ろっぴゃく)④、700(しちひゃく)④、

800(はっぴゃく)④
中高型:700(ななひゃく)②

＊头高型后接十位和个位数字时,可以统一为头高型,也可以各保持原来的调型,如:

342(さんびゃくよんじゅうに)①
965(きゅうひゃくろくじゅうご)①+③+①

＊中高型、尾高型后接十位和个位数字时,要统一为后位数字的调型。后位数字为平板式时,整体为平板式。后位数字为起伏式时,整体为起伏式。如:

183(ひゃくはちじゅうさん)⓪

715(ななひゃくじゅうご)⑤

4．千位、万位数

～千、～万基本上为中高型(-2调)。如:

3千(さんぜん)③　　8千(はっせん)③
1万(いちまん)③　　10万(じゅうまん)③

＊千位、万位数后接低位数时,因为太长,一般按各自原来的调型发音。如:

24376(にまんよんせんさんびゃくななじゅうろく)
1809435
(ひゃくはちじゅうまんきゅうせんよんひゃくさんじゅうご)

数词后接"億"时,词调规则与派生词相同,高到数字的最后一个假名。如:

1億(いちおく)②　　7億(ななおく)②

5. 数词后续量词

数词后续量词的词调规则基本上与派生词和复合词相同。例如：

1時(いちじ)②　　3時(さんじ)①　　1個(いっこ)①
6時間(ろくじかん)③　　100グラム(ひゃくグラム)③

以上内容可归纳为下表。

复合数词的词调

后部 前部	头高型	中高型	尾高型	平板式
头高型	a 统一为头高型 b 保持各自的调型	a 统一为头高型 b 保持各自的调型	a 统一为头高型 b 保持各自的调型	a 统一为头高型 b 保持各自的调型
中高型	a 统一为后部调型,高到后部头高处 b 位数多时保持各自的调型	a 统一为后部调型,高到后部中高处 b 位数多时保持各自的调型	a 统一为后部调型,高到后部最后一个假名 b 位数多时保持各自的调型	统一为后部调型,整体为平板式
尾高型	a 统一为后部调型,高到后部头高处 b 位数多时保持各自的调型	a 统一为后部调型,高到后部中高处 b 位数多时保持各自的调型	a 统一为后部调型,高到后部最后一个假名 b 位数多时保持各自的调型	统一为后部调型,整体为平板式
	2、4、5、7(なな)9、10、13、15、19(じゅうく)、20 30、40(よんじゅう)、90(きゅうじゅう)、300、400、900、1000	14(じゅうよん)、17(じゅうなな)、19(じゅうきゅう)、40(しじゅう)、50、60、70、80、90(くじゅう)、700、2000～9000、10000～	1、6、7(しち)8 11、12、14(じゅうし)16、17(じゅうしち)18、100、200 500、600、800	3

听录音,朗读下列数词。
1) 1、2、3、4、5、6、7、8、9、10
2) 11、12、13、14、15、16、17、18、19
3) 20、30、40、50、60、70、80、90
4) 21、32、43、54、65、76、87、98
5) 100、200、300、400、500、600、700、800、900
6) 135、246、357、468、579、681、792、824、913
7) 千、二千、三千、四千、五千、六千、七千、八千、九千
8) 一万、二万、三万、四万、五万、六万、七万、八万、九万、十万、二十万、百万、八百万
9) 一年、二年、三年、四年、五年、六年、七年、八年、九年、十年、五十年、百年、六百年
10) 一月、二月、三月、四月、五月、六月、七月、八月、九月、十月、十一月、十二月
11) 一時、二時、三時、四時、五時、六時、七時、八時、九時、十時、十一時、十二時
12) 一つ、二つ、三つ、四つ、五つ、六つ、七つ、八つ、九つ、十
13) 一人、二人、三人、四人、五人、六人、七人、八人、九人、十人、十四人、二十人、百人
14) 一本、二本、三本、四本、五本、六本、七本、八本、九本、十本、十六本、二十本、百本(枝、根、瓶)
15) 一枚、二枚、三枚、四枚、五枚、六枚、七枚、八枚、九枚、十枚、十三枚、二十枚、百枚(张、片)
16) 一冊、二冊、三冊、四冊、五冊、六冊、七冊、八冊、九冊、十冊、十七冊、二十冊、百冊(本、册)
17) 一階、二階、三階、四階、五階、六階、七階、八階、九階、十階、十八階、二十階、八十階(层楼)
18) 一回、二回、三回、四回、五回、六回、七回、八回、九回、十回、十

一回、二十回、百回(次、届)

四 动词的词调

动词的词调很有规律,基本上有两种类型:平板式和-2调(起伏式中高型)。

平板式: 言う(いう)⓪/说
　　　　遊ぶ(あそぶ)⓪/玩
　　　　用いる(もちいる)⓪/用
-2调: 見る(みる)①/看
　　　　育つ(そだつ)②/成长
　　　　喜ぶ(よろこぶ)③/高兴
　　　　現れる(あらわれる)④/出现

另外,-2调的动词倒数第2个假名如果是连元音时,原则上高读音调要往前挪一个假名,变为-3调(头高型)。例如:

はいる(入る)①(-3)/进
もうす(申す)①(-3)/说,名叫
かえる(帰る)①(-3)/回去,回来
とおる(通る)①(-3)/走过,穿过

1. 动词后续助词、助动词时的词调

日语动词有词尾变化,一般称之为活用。在实际语言运用中,动词经常以各种活用形后续助词、助动词的形式出现。假名数、活用方式、词调类型相同的动词,其活用形以及后续

助词、助动词时的调型也相同。

1) 助动词ない

a. 平板式动词未然形后接助动词"ない"时保持原来的词调,整个动词否定形为平板式,有时也可读为-2调。

行く⓪/去→いかない⓪③

笑う⓪/笑→わらわない⓪④

教える⓪/教→おしえない⓪④

b. 起伏式动词的未然形词调为尾高型,后接"ない"时整个动词的否定形为-3调。

来る①/来→こない①(-3)

話す②/讲→はなさない③(-3)

離れる③/离开→はなれない③(-3)

2) 助动词れる・られる/せる・させる

a. 平板式动词未然形后续助动词"れる・られる/せる・させる"时保持原来的调型,整个动词仍为平板式。

寝る⓪/睡→ねられる⓪

行う⓪/举行→おこなわれる⓪

働く⓪/劳动→はたらかせる⓪

調べる⓪/调查→しらべさせる⓪

b. 起伏式动词不论原来是什么调型,均变为-2调。

立つ①/站→たたせる③(-2)

叩く②/敲、拍→たたかれる④(-2)

手伝う③/帮忙→てつだわせる⑤(-2)

3) 助词て、助动词た

a. 平板式动词连用形后续"て、た"时仍为平板式。

買う⓪/买→かって⓪

する⓪/做→した⓪

変える⓪/改变→かえた⓪

比べる⓪/比较→くらべて⓪

b. 起伏式动词有两种情况。五段活用动词词调不变。

勝つ①/赢→かった①

帰る①/回去、回来→かえって①

泳ぐ②/游泳→およいだ②

一段活用动词高读音调往前挪一个假名，由-2调变为-3调。

起きる②(-2)/起床→おきた①(-3)

尋ねる③(-2)/打听→たずねて②(-3)

暖める④(-2)/加温→あたためて③(-3)

4) 助词ても、ては、たら、たり

a. 平板式动词连用形后续"ても、ては、たら、たり"时音调高读到这些助词第一个假名的"て、た"为止。均为-2调。

泣く⓪/哭→ないても③(-2)

転ぶ⓪/摔倒→ころんだら④(-2)

歌う⓪/唱→うたったり④(-2)

b. 起伏式动词有两种情况。五段活用动词词调不变。

　　取る①/拿→とっては①

　　困る②/发愁→こまったら②

　　歩く②/走→あるいても②

一段活用动词高读音调往前挪一个假名，变为 - 4 调。

　　晴れる②/晴→はれたら①(- 4)

　　降りる②/下、降→おりても①(- 4)

　　落ちる②/掉落→おちては①(- 4)

5) 助词ながら、助动词たい、そうだ(样态)

　a. 平板式动词连用形后续"ながら、たい、そうだ"时，仍为平板式。

　　聞く⓪/听、问→ききながら⓪

　　止める⓪/停止、放弃→やめたい⓪

　　学ぶ⓪/学→まなびたい⓪

　　死ぬ⓪/死→しにそうだ⓪

　　忘れる⓪/忘记→わすれそうだ⓪

　b. 起伏式动词音调高读到"ながら、たい、そうだ"的第一个假名。

　　書く①/写→かきながら③

　　飲む①/喝→のみたい③

　　確かめる④/确认、核实→たしかめたい⑤

降る①/下(雨、雪)→ふりそうだ③

6) 助动词ます(ません、ました)

任何动词后续"ます"以及过去时"ました"的调型是一致的,高读到"ま"上。否定式"ません"高读到"せ"上。"ます、ません"为-2调,"ました"为-3调。

置く⓪/放、搁→おきます③(-2)

入る①/进→はいります④(-2)

読む①/看、读→よみません④(-2)

受ける②/接、受→うけません④(-2)

洗う⓪/洗→あらいました④(-3)

食べる②/吃→たべました③(-3)

7) 助词まで、助动词ようだ、そうだ(传闻)

a. 平板式动词音调高读到这些助词、助动词的第一个假名为止。

送る⓪/送、寄→おくるようだ④

使う⓪/使用→つかうそうだ④

終わる⓪/结束→おわるまで④

b. 起伏式动词保持原来的词调。

ある①/有→あるようだ①

休む②/休息→やすむそうだ②

治る②/治愈→なおるまで②

8) 助动词らしい、だろう、でしょう

a．平板式动词词调高读到这些助词、动助词的第二个假名为止。

始める⓪/开始→はじめるらしい⑥

いる⓪/在、有→いるだろう④

生まれる⓪/出生→うまれるでしょう⑥

b．起伏式动词保持原来的词调。

できる②/会、能→できるらしい②

分かる②/懂、明白→わかるだろう②

守る②/保护→まもるでしょう②

9) 助词と、ほど

a．平板式动词仍为平板式。

押す⓪/推、按→おすと⓪

飛ぶ⓪/飞→とぶほど⓪

b．起伏式动词保持原来的词调。

出す①/拿出→だすと①

溢れる③/溢出→あふれるほど③

10) 助词が、か、から、ので、のに、けれども

a．平板式动词词调均变为尾高型，再后接这些助词。

もらう⓪/索取、得到→もらうか③

進める⓪/推进→すすめるけれども④

b．起伏式动词保持原来的词调。

作る②/制作→つくるが②

繰り返す③/反复→くりかえすので③

信ずる③/相信→しんずるけれども③

11）助动词う、よう

不论任何调型的动词,后续助动词"う、よう"时均为-2调。

追う⓪/追赶→おおう②(-2)

入れる⓪/放入→いれよう③(-2)

切る①/切、剪→きろう②(-2)

習う②/学习→ならおう③(-2)

答える③/回答→こたえよう④(-2)

12）助词ば

a. 平板式动词假定形后接助词"ば"时为-2调。

着る⓪/穿→きれば②(-2)

進む⓪/进展→すすめば③(-2)

遅れる⓪→おくれれば④(-2)

b. 起伏式动词假定形后接助词"ば"时为-3调。

住む①/居住→すめば①(-3)

曇る②/阴天→くもれば②(-3)

表す③/表示→あらわせば③(-3)

以上为动词后续一些常见助词、助动词时的词调规则,可归纳为下表:

动词后续助词、助动词时的词调

后续词＼动词调型	平板式 いう(言う)	头高型 かく(書く)	中高型(五段) およぐ(泳ぐ)	中高型(一段) はれる(晴れる)
ない	いわない	かかない	およがない	はれない
れる られる せる させる	いわせる	かかせる	およがせる	はれさせる
て(で) た(だ)	いって	かいて	およいで	はれて
ては ても たら たり	いったら	かいたら	およいだら	はれたら
ながら たい そうだ(样态)	いいながら	かきながら	およぎながら	はれながら
ます	いいます	かきます	およぎます	はれます
まで ぐらい さえ ばかり とか ようだ	いうまで	かくまで	およぐまで	はれるまで
そうだ(传闻)	いうそうだ	かくそうだ	およぐそうだ	はれるそうだ
らしい でしょう	いうらしい	かくらしい	およぐらしい	はれるらしい
よ と ほど	いうと	かくと	およぐと	はれると
が かし から ので のに けれど	いうから	かくから	およぐから	はれるから
う よう	いおう	かこう	およごう	はれよう
ば	いえば	かけば	およげば	はれれば

2. 复合动词的词调

复合动词的词调是有规则的。原则上根据前项词而定。

1) 动词＋动词

前项动词原为平板式，则复合动词的词调为中高型。前项动词原为起伏式，则复合动词的词调为平板式或中高型。

言う⓪/说→言い出す(いいだす)③/说出

腫れる⓪/肿→腫れ上がる(はれあがる)④/肿起来

見る①/看→見上げる(みあげる⓪、みあげる③)/向上看

晴れる②/晴→晴れ上がる(はれあがる⓪、はれあがる④)
/放晴

2) 形容词词干 + 动词

原则上为中高型词调。「～すぎる」有中高型和平板型两种调型。

近い②/近→近づく(ちかづく)③/接近

若い②/年轻→若がえる(わかがえる)③/变年轻

長い②/长→長すぎる(ながすぎる④、ながすぎる⓪)
/过长

多い①/多→多すぎる(おおすぎる④、おおすぎる⓪)
/过多

3) 名词 + 动词

原则上为中高型词调。

色②/颜色→色づける(いろづける)④/着色

手①/手→手放す(てばなす)③/放手

口⓪/嘴→口走る(くちばしる)④/走嘴

4) サ变动词

(1) 复合程度强的基本上为中高型词调。第二个假名为促音的亦可为平板式词调。

課する(かする)②/课(税)

愛する(あいする)③/爱

決する(けっする③、けっする⓪)/决定；裁决

(2) 复合程度弱的按照词干名词原来的词调。

a. 名词为平板式调型,作サ变动词时仍为平板式。

実現⓪/实现→じつげんする⓪

心配⓪/担心→しんぱいする⓪

記念⓪/纪念→きねんする⓪

研究⓪/研究→けんきゅうする⓪

b. 名词为尾高型词调,作サ变动词时仍为尾高型。

世話②/照顾→せわする②

旅②/旅行→たびする②

c. 名词为中高型词调,作サ变动词时仍为中高型。

案内③/引路→あんないする③

エンジョイ③/享受→エンジョイする③

d. 名词为头高型词调,作サ变动词时仍为头高型。

理解①/理解→りかいする①

許可①/许可→きょかする①

听录音,朗读下列句子。注意动词和复合动词的词调。

(1) 知らない人には話さない/不对不认识的人讲。

　　(しらないひとにははなさない)

(2) 立って答えて、坐って聞いている/站着回答,坐着听讲。

(たってこたえて、すわってきいている)

(3) 見たり聞いたりしたことを作文に書く　　/将所见所闻写入作文。

(みたりきいたりしたことをさくぶんにかく)

(4) 蚊の鳴くような声でつぶやいたようだ　　/好像蚊子哼哼似地嘟嘟哝哝。

(かのなくようなこえでつぶやいたようだ)

(5) 王さんを呼んできてください/把小王叫来。

(おうさんをよんできてください)

(6) この部分を読んでみてください/念一下这部分。

(このぶんをよんでみてください)

(7) ギターを弾きながら歌う/边弹吉他边唱。

(ギターをひきながらうたう)

(8) 楽譜を見ながら歌う/看着歌谱唱。

(がくふをみながらうたう)

(9) 雨が降りそうだ/看样子要下雨。

(あめがふりそうだ)

(10) 妹が泣きそうだ/妹妹一副要哭的样子。

(いもうとがなきそうだ)

(11) 雨が降るそうだ/据说要下雨。

(あめがふるそうだ)

(12) 彼には妹がいるそうだ/听说他有个妹妹。

(かれにはいもうとがいるそうだ)

(13) 雨に降られて風邪を引いた/被雨淋得感冒了。

(あめにふられてかぜをひいた)

(14) みんなに笑われて恥ずかしかった/被大家笑得很难为情。

　　（みんなにわらわれてはずかしかった）

(15) 恥ずかしくて穴があれば入りたい

　　　　　　　　　　　　　/羞得有个地缝都想钻进去。

　　（はずかしくてあながあればはいりたい）

(16) 忙しくて猫の手も借りたい

　　　　　　　　　　　　/忙得四脚朝天,恨不得长出三头六臂。

　　（いそがしくてねこのてもかりたい）

(17) 三人よれば文殊の知恵/三个臭皮匠,顶个诸葛亮

　　（さんにんよればばもんじゅのちえ）

(18) ちりも積れば山となる/积少成多

　　（ちりもつもればやまとなる）

(19) 住めば都/久居皆故土,处处赛京城

　　（すめばみやこ）

(20) 習うより慣れよ/熟能生巧

　　（ならうよりなれよ）

(21) あちこち歩き回って、足が棒になった/四处奔波,腿都酸了。

　　（あちこちあるきまわって、あしがぼうになった）

(22) バスに乗り遅れるな/莫失良机

　　（バスにのりおくれるな）

(23) 気が利きすぎて間が抜ける/聪明反被聪明误

　　（きがききすぎてまがぬける）

(24) 文が長すぎて分かりにくい/句子太长很难懂。

　　（ぶんがながすぎてわかりにくい）

五 形容词的词调

形容词的词调很有规律,除了少量平板式形容词之外,多为 -2 调(中高型)。平板式形容词主要有以下 30 个:

a. 3 个假名构成的形容词(17 个)

赤い/红　　　　浅い/浅　　　　厚い/厚

甘い/甜　　　　粗い/稀疏　　　薄い/薄

遅い/晚、慢　　重い/重　　　　堅い/硬

軽い/轻　　　　きつい/厉害、紧张

暗い/黑暗　　　煙い/呛人　　　つらい/痛苦

遠い/远　　　　眠い/困倦　　　丸い/圆的

b. 4 个假名构成的形容词(12 个)

明るい/明亮　　危ない/危险　　怪しい/可疑

いけない/不好　おいしい/美味　重たい/沉重

悲しい/悲伤　　黄色い/黄色　　平たい/平

冷たい/冰冷　　優しい/和善　　よろしい/好

c. 5 个假名构成的形容词(1 个)

難しい/难

除此之外,大多为 -2 调:

よい①/好　　　　　濃い①/浓

惜しい②/可惜　　　　高い②/高、贵

うれしい③/高兴　　　尊い③/尊贵

美しい④/美丽　　　　珍しい④/珍奇

……

1. 形容词活用形以及后续助词、助动词时的词调

词调类型相同的形容词,其活用形以及后续助词、助动词时的调型亦相同。

1) 形容词连用形く的调型

a. 平板式形容词连用形"く"调型仍为平板式。

赤い⓪/红→あかく⓪

冷たい⓪/冷→つめたく⓪

b. 起伏式形容词连用形"く"的调型 2 拍词为 -2 调,3 拍词为 -3 调,4 拍以上为 -2、-3 调。

よい①/好→よく①(-2)

暑い②/天气热→あつく①(-3)

うれしい③/高兴→うれしく②③(-3・-2)

2) 后续助词て

a. 平板式形容词后续"て"时,调型为 -3 调。

薄い⓪/薄→うすくて②(-3)

おいしい⓪/好吃→おいしくて③(-3)

b. 起伏式形容词后续"て"时,2 拍、5 拍词为 -3 调,3 拍词为 -4 调,4 拍词为 -3、-4 调。

ない①/没有→なくて①(-3)

高い②/高、贵→たかくて①(-4)

短い③/短→みじかくて②③(-4・-3)

なつかしい④/眷恋→なつかしくて④(-3)

3) 后续た、たら、たり

a. 平板式形容词3拍词为-4调、4拍词"い"结尾的为-5调、"しい"结尾的为-6调。

遅い⓪/晚、慢→おそかった②(-4)

冷たい⓪/冰冷→つめたかったら③(-5)

悲しい⓪/悲伤→かなしかったり②(-6)

b. 起伏式形容词2拍词为-4调、5拍词为-5调、3拍4拍词为-6调。

よい①/好→よかった①(-4)

長い②/长→ながかったら①(-6)

激しい③/激动→はげしかったり②(-6)

美しい④/美丽→うつくしかったら③(-5)

4) 后续助动词ようだ、そうだ(传闻)

a. 平板式形容词高读到助动词的第一个假名。

甘い⓪/甜→あまいようだ④

易しい⓪/容易→やさしいようだ⑤

危ない⓪/危险→あぶないそうだ⑤

b. 起伏式形容词按原有的调型。

深い②/深→ふかいようだ②

おかしい③/奇怪→おかしいようだ③

暖かい/温暖→あたたかいそうだ④

5) 后续助动词だろう、でしょう、らしい

a. 平板式形容词高读到助动词的第二个假名。

遠い⓪/远→とおいでしょう⑤

優しい⓪/和善→やさしいらしい⑥

b. 起伏式形容词按原有的调型。

すごい②/可怕→すごいだろう②

厳しい③/严厉→きびしいでしょう③

おもしろい④/有趣→おもしろいらしい④

6) 后续助动词です、助词が、けれども、か、から、ので、のに

a. 平板式形容词变为起伏式（-2调）后，接助词、助动词。

浅い⓪/浅→あさいです②

眠い⓪/发困→ねむいけれども②

怪しい⓪/可疑→あやしいから③

重たい⓪/重→おもたいので③

b. 起伏式形容词按原有的调型。

楽しい③/愉快→たのしいけれども③

恐ろしい④/可怕→おそろしいから④

寒い②/寒冷→さむいのに②

7) 后续助词ば

a. 平板式形容词后续助词"ば"时，"い"结尾的为－4调，"しい"结尾的为－5调。

丸い⓪/圆→まるければ②(－4)

よろしい⓪/好→よろしければ②(－5)

b. 起伏式形容词后续助词"ば"时，2拍词为－4调，3拍以上的为－5调。

よい①/好→よければ①(－4)

低い②/低→ひくければ①(－5)

涼しい③/凉快→すずしければ②(－5)

8) 后续助动词そうだ(样态)

a. 平板式形容词后续助动词"そうだ"时，一直高读到底。

甘い⓪/甜→あまそうだ⓪

おいしい⓪/好吃→おいしそうだ⓪

b. 起伏式形容词高读到助动词的第一个假名。

古い②/旧→ふるそうだ③

うれしい③/高兴→うれしそうだ④

2. 形容词连用形后接"なる""する"时的词调

a. 平板式形容词后接"なる"时高读到"なる"的"な"，后接"する"时一直高读到底。

赤い⓪/红→あかくなる④/变红

悲しい⓪/悲伤→かなしくなる⑤/悲伤起来

明るい⓪/明亮→あかるくする⓪/弄亮

易しい⓪/容易→やさしくする⓪/弄容易

b. 起伏式形容词后接"なる""する"时,整个词变为-4、-5调。

よい①/好→よくなる①(-4)/变好
　　　　　よくする①(-4)/弄好

長い②/长→ながくなる①(-5)/变长
　　　　　ながくする①(-5)/弄长

3. 形容词词干后接"さ""み"时的词调

形容词词干后接接尾词"さ"表示程度,"み"表示感觉、状态。二者均由形容词变为名词。

1) 形容词词干后接"さ"

a. 平板式调型仍为平板式。4拍以上的词可为中高型。

厚い⓪/厚→あつさ⓪/厚度

重い⓪/重→おもさ⓪/重量

冷たい⓪/冷→つめたさ⓪/冰冷的程度

b. 起伏式调型仍为起伏式。2拍、3拍形容词为①调;4拍词为②③调;5拍词为③④调。

濃い①/浓→こさ①/浓度

長い②/长→ながさ①/长度

うれしい③/高兴→うれしさ②③/高兴劲儿

新しい④/新→あたらしさ③④/新颖

2) 形容词词干后接"み"

a. 平板式调型仍为平板式。

甘(あま)い⓪/甜→あまみ⓪/甜味

明(あか)るい⓪/明亮→あかるみ⓪/光亮

b. 起伏式调型变为尾高型。4拍以上的词多为中高型或平板式。

弱(よわ)い②/弱→よわみ③/弱点

高(たか)い②/高→たかみ③/高处

楽(たの)しい③/快乐→たのしみ③④⓪/乐趣

暖(あたた)かい④/温暖→あたたかみ⓪⑤/热气儿

4. 复合形容词的词调

1) **动词+形容词**

基本上为中高型(-2调)。

書き良い(かきよい)③(-2)/好写

使いやすい(つかいやすい)⑤(-2)/好用

歩きにくい(あるきにくい)⑤(-2)/难走

蒸し暑い(むしあつい)④(-2)/闷热

2) **形容词词干+形容词**

为平板式或中高型。

薄暗い(うすぐらい⓪、うすぐらい④)/昏暗

青白い(あおじろい⓪、あおじろい④)/苍白

細長い(ほそながい⓪、ほそながい④)/细长

甘酸っぱい(あまずっぱい⓪、あまずっぱい⑤)/酸甜

123

3) 名词+形容词

后部形容词原为平板式的,有平板式和中高型两种调型,其他均为中高型(-2调)。

  手厚い(てあつい⓪、てあつい③)/热情、丰厚
  分厚い(ぶあつい⓪、ぶあつい③)/(书、信等)厚
  塩辛い(しおからい)④/咸 間近い(まぢかい③)/临近
  名高い(なだかい③)/闻名 ものすごい④/惊人

形容词后接一些常见词时的调型规律可归纳如下：

形容词后接各种词时的调型

形容词调型 后接词	平板式 あかい(赤い)	中高型 ながい(長い)　うれしい		头高型 よい(良い)
(く)	あかく	ながく	うれしく	よく
て	あかくて	ながくて	うれしくて	よくて
た、たら、たり	あかかった	ながかった	うれしかった	よかった
ようだ そうだ(伝聞)	あかいようだ	ながいようだ	うれしいようだ	いいようだ
らしい でしょう	あかいらしい	ながいらしい	うれしいらしい	いいらしい
が、から ので、のに けれども です	あかいから あかいです	ながいから ながいです	うれしいから うれしいです	いいから いいです
ば	あかければ	ながければ	うれしければ	よければ
そうだ(様態)	あかそうだ	ながそうだ	うれしそうだ	よさそうだ
なる	あかくなる	ながくなる	うれしくなる	よくなる
する	あかくする	ながくする	うれしくする	よくする

听录音,朗读下列句子。
(1) 冷たく、堅い氷/冰冷坚硬的冰
　　（つめたく、かたいこおり）
(2) 暖かく、柔らかい蒲団/温暖柔软的被褥
　　（あたたかく、やわらかいふとん）
(3) 甘くておいしいスイカ/甘甜美味的西瓜
　　（あまくておいしいすいか）
(4) 酸っぱくて渋いスモモ/又酸又涩的李子
　　（すっぱくてしぶいすもも）
(5) 朱に交われば赤くなる/近朱者赤
　　（しゅにまじわればあかくなる）
(6) 大金を無くして青くなる/丢失巨款脸色煞白
　　（たいきんをなくしてあおくなる）
(7) 目を丸くして驚く/吃惊地瞪圆眼睛
　　（めをまるくしておどろく）
(8) 首を長くして待つ/翘首以待
　　（くびをながくしてまつ）
(9) 発音の本は厚くない/发音的书不厚
　　（はつおんのほんはあつくない）
(10) 北海道の夏は暑くない/北海道的夏天不热
　　（ほっかいどうのなつはあつくない）
(11) 長さ5メートル、重さ100キロの丸木
　　　　　　　　　　　/长5米、重100公斤的圆木
　　（ながさごメートル、おもさひゃっキロのまるき）
(12) 高みの見物/袖手旁观

(たかみのけんぶつ)
(13) 薄暗い道を歩いて心細い/走昏暗的夜路心里没底

(うすぐらいみちをあるいてこころぼそい)
(14) 言いにくいことは忘れがたい/难以说出口的事又忘记不了

(いいにくいことはわすれがたい)

六 形容动词的词调

形容动词的词调比较单纯,只要记住原形的词调即可,活用形的词调不变。平板式仍为平板式,起伏式仍为起伏式。

1. 形容动词及其活用形的词调

a. 平板式

丈夫だ⓪/结实

(じょうぶで⓪　　じょうぶに⓪　　じょうぶな⓪)

真面目だ⓪/认真

(まじめで⓪　　まじめに⓪　　まじめな⓪)

* 由名词加接尾词"的"构成的形容动词词调均为平板式。

科学的⓪　　積極的⓪　　世界的⓪

b. 起伏式

綺麗だ①/干净、美丽

(きれいで①　　きれいに①　　きれいな①)

静かだ①/安静

(しずかで①　　しずかに①　　しずかな①)

好きだ②/喜欢
(すきで②　　すきに②　　すきな②)

自由だ②/自由
(じゆうで②　　じゆうに②　　じゆうな②)

＊"～やか"型的形容动词调型均为②调。

華やかだ②/华丽
(はなやかで②　はなやかに②　はなやかな②)

賑やかだ②/热闹
(にぎやかで②　にぎやかに②　にぎやかな②)

2．形容动词词干后接"さ""み"时的词调

a．平板式形容动词词干后接"さ"时，仍为平板式。起伏式形容动词词干后接"さ"时，音调高读到词干为止。

重要⓪/重要→じゅうようさ⓪/重要性

元気①/健康→げんきさ③/健康程度

爽やか②/清爽→さわやかさ④/清爽劲儿

b．形容动词词干后接"み"时，无论原来是什么调型，均可读为平板式或起伏式词调。

嫌②/讨厌→いやみ③⓪/令人讨厌的地方

新鮮⓪/新鲜→しんせんみ⓪③/新鲜感

親切①/热情→しんせつみ⓪⑤④/善意

听录音,朗读下列句子。

1) 綺麗な水(きれいなみず)/干净的水
2) 新鮮な空気(しんせんなくうき)/新鲜的空气
3) 健康な子供(けんこうなこども)/健康的孩子
4) 幸せに暮らす(しあわせにくらす)/幸福地生活
5) 親切な人々(しんせつなひとびと)/热心的人们
6) 静かにしてください(しずかにしてください)/请安静
7) 爽やかな秋(さわやかなあき)/清爽的秋天
8) 速やかに解決する(すみやかにかいけつする)/迅速解决
9) 好きな人(すきなひと)/喜欢的人
10) 嫌なやつ(いやなやつ)/讨厌的家伙
11) 歌が下手だ(うたがへただ)/歌唱得不好
12) 上手になる(じょうずになる)/长进了
13) 得意な料理(とくいなりょうり)/拿手菜
14) 数学が苦手だ(すうがくがにがてだ)/数学不行

七 词调的特殊变化

以上学习了日语词调的基本规律。在遇到特殊音节时,有些基本规律会发生变化。不过,这些特殊变化也是有章可循的。当词调由高调降为低调时,高调的最后一个假名如果遇上长音、拨音、促音、连元音,原则上要变成低调。例如,同样是由"会(かい)""たち"构成的派生词:

理事会(りじかい)②/理事会

子供たち(こどもたち)③/孩子们

符合派生词的基本原则,音调高到前项词的最后一个假名"じ""も"。但如果前项词的这个假名凑巧遇上长音、拨音、促音、连元音,高读音调就要往前挪一个假名。例如:

運動会(うんどうかい)③/运动会

座談会(ざだんかい)②/座谈会

音楽会(おんがっかい)③/音乐会

町内会(ちょうないかい)③/街道居民会

学生たち(がくせいたち)③/学生们

青年たち(せいねんたち)③/青年们

这些派生词的词调不是高到前项词的最后一个假名,而是往前挪,高到前项词的倒数第二个假名。

前面提到,四个以上假名构成的外来语名词 – 3 调比较多。但如果倒数第三个假名遇上长音等特殊音节的话,高读音调就要往前挪一个假名,变成 – 4 调。如:

エレベーター③(-4)/电梯

エスカレーター④(-4)/自动扶梯

コンピューター③(-4)/电脑、计算机

听录音,练习以下派生词的词调。a 为基本规律,b 为特殊变化。

1. a 大蔵省(おおくらしょう)④/大藏省(财政部)
   b 厚生省(こうせいしょう)③/厚生省(卫生部)
2. a 電話局(でんわきょく)③/电话局

b 郵便局(ゆうびんきょく)③/邮局
3. a 大阪市(おおさかし)④/大阪市
   b 上海市(しゃんはいし)③/上海市
4. a 物理学(ぶつりがく)③/物理学
   b 社会学(しゃかいがく)②/社会学
5. a 大使館(たいしかん)③/大使馆
   b 展覧館(てんらんかん)③/展览馆
6. a 建築業(けんちくぎょう)④/建筑业
   b 水産業(すいさんぎょう)③/水产业
7. a 入学式(にゅうがくしき)④/开学典礼
   b 卒業式(そつぎょうしき)③/毕业典礼
8. a 会議室(かいぎしつ)③/会议室
   b 実験室(じっけんしつ)③/实验室
9. a 生活費(せいかつひ)④/生活费
   b 研究費(けんきゅうひ)③/研究费
10. a 記憶力(きおくりょく)③/记忆力
    b 創造力(そうぞうりょく)③/创造力
11. a 雑誌社(ざっししゃ)③/杂志社
    b 旅行社(りょこうしゃ)③/旅行社
12. a 候補者(こうほしゃ)③/候选人
    b 責任者(せきにんしゃ)③/负责人
13. a 子どもたち(こどもたち)③/孩子们
    b 少年たち(しょうねんたち)③/少年们
14. a 若者たち(わかものたち)④/年轻人们
    b 青年たち(せいねんたち)③/青年们

听录音,练习下列绕口令。

1. なまむぎ なまごめ なまたまご(生麦 生米 生卵)

2. うらにわにはにわ、にわにはにわにわとりがいる（裏庭には二羽、庭には二羽鶏がいる）。

3. きくきり きくきり みきくきり あわせてきくきりむきくきり（菊桐 菊桐 三菊桐 合わせて菊桐六菊桐）

4. 歌(うた)うたいが歌歌えと言うが歌うたいのように歌歌われたら歌うたいのように歌歌うけれども歌うたいのように歌歌われないから歌うたいのように歌歌わぬ。

小会話(3)

李明(りめい)：どうぞめしあがってください。/请用吧。

渡辺(わたなべ)：いただきます。/好,谢谢。

・・・・・・・・・・・

渡辺：どうも大変(たいへん)ごちそうになりました。
/非常感谢您的款待。

李明：いいえ、お粗末(そまつ)さまでした。
/今天没能好好招待您,很抱歉。

第五章　词调纠正与练习

一　拍与词调

1. 古池や　蛙飛び込む　水の音

　　掌握日语词调,最重要的是节奏感。前面的章节已经提到,日语连续发音时,每个假名的时间长度基本一致。这种等长的时间单位叫做**拍**。所谓节奏感,正是这种等长性比较规则的节拍感。日本传统诗歌形式俳句、和歌的韵律典型地体现了这种等长的节奏感。

　　俳句由五、七、五共 17 个假名组成。例如江户时代著名俳句诗人松尾芭蕉的名句:

　　　　ふるいけや　　かわずとびこむ　　みずのおと
　　　　(古池や　　　蛙飛び込む　　　　水の音)

　　参考译文: 古池塘　青蛙跃入发清响

　　和歌由五、七、五、七、七共 31 个假名构成。例如唐代大诗人李白结识的日本友人阿倍仲麻吕怀念故乡奈良的名歌:

　　　　あまのはら　　ふりさけみれば
　　　　かすがなる　　みかさのやまに　　いでしつきかも
　　　　(天の原　　　ふりさけみれば

春日なる　　三笠の山に　　出でし月かも）
　参考译文：仰望长空　一轮明月挂中天　疑是升自（奈
　　　　　　良）三笠山

　日语的节拍感非常重要，它不仅仅是语调纯正的问题，还可以区别词义。因此，必须严格遵守拍的规则，不可任意延长或缩短，否则不能正确表达词义。

　需要注意的是长音、拨音、促音等特殊音节要占二拍。现代俳句、和歌里经常会出现这些特殊音节。例如日本现代和歌女作家俵万智所作的下面这首和歌里促音、拨音、长音均占二拍。

ポケットの　　たくさん付いた　　ジャンパーが
似合うあなたと　　思うアメ横
　参考译文：潇洒倜傥　身着多兜夹克的你
　　　　　　杂货街上　并肩留下几多回忆

注意特殊音节的拍子长度，听录音朗读下列单词：
1) くろ(黒)①/黑
　 くろう(苦劳)①/吃苦
2) ビル①/大楼
　 ビール①/啤酒
3) ゆそう(输送)⓪/运送
　 ゆうそう(邮送)⓪/邮寄
4) ほしゅう(補修)⓪/维修
　 ほうしゅう(報酬)⓪/报酬
5) ばしょ(場所)⓪/场所

ばしょう(芭蕉)⓪/芭蕉
6) ほぼ①/大致
ほうぼう(方々)①/各处、到处
7) おじさん⓪/叔叔、伯伯、舅舅
おじいさん②/爷爷、姥爷、老大爷
8) おばさん⓪/姑姑、姨
おばあさん②/奶奶、姥姥、老大娘
9) さま(様)②/样子、状况
さんま⓪/秋刀鱼
10) げき(劇)①/戏剧
げんき(元気)①/健康
11) ぶか(部下)①/部下
ぶんか(文化)①/文化
12) じぶつ(事物)①/事物
じんぶつ(人物)①/人物、人品
13) ひな(雛)①/雏鸟、雏鸡
ひなん(非難)①/谴责
14) あてな(宛名)⓪/收件人姓名
アンテナ⓪/天线
15) いち(一)②/一
いっち(一致)⓪/一致
16) かき(柿)⓪/柿子
かっき(活気)⓪/活力、生气
17) もと(元)①/原、以前
もっと①/更加
18) こけい(固形)⓪/固体
こっけい⓪/滑稽
19) しゅせき(主席)⓪/主席

しゅっせき(出席)⓪/出席
20) じしゅう(自習)⓪/自习
じっしゅう(実習)⓪/实习

2."ペットを飼う"？"ペットを買う"？

前面我们强调了日语的拍感。那么,拍与词调是什么关系呢？日语词调的高低变化出现在假名与假名,即拍与拍之间。拍的内部没有音高的变化。

日语词调高低的幅度是相对的,也可以说因人而异。总的说来,高低变化比较和缓,幅度不大。若用音符来比喻的话,平板式调型的二拍词"端(はし)/边、端"音调由低到高的幅度大约相当于"<u>2 3</u>"。而头高型二拍词"箸(はし)/筷子"音调由高到低的幅度大约相当于"<u>4 1</u>"。

日语词调是以单词为单位的,有一些同音词可以通过词调来区别词义。例如,题头两个句子里的"飼う""買う"发音相同,都是"かう"。在书面上可以通过汉字辨别词义,而在口语里只能通过词调来辨别词义。此外,在句子里,日语词调是以单词及后续助词、助动词为单位的,可以通过词调来划分词与词的分界。因此,必须准确确掌握词调,尤其是同音词的词调,以保证词义的准确。同时,还要掌握句子中单词衔接的词调规则,以使语流自然,句义通畅。

注意以上要点,听录音朗读下列单词：
1)
（1）でんき(電気)①/电、电灯
でんき(伝記)⓪/传记

(2) さとう(佐藤)①/佐藤(姓)
　　さとう(砂糖)②/白糖
(3) げんご(言語)①/语言
　　げんご(原語)⓪/原文
(4) にほん(二本)①/两根
　　にほん(日本)②/日本
(5) しかい(司会)⓪/司仪、主持
　　しかい(歯科医)②/牙医
(6) こうかい(公開)⓪/公开
　　こうかい(後悔)①/后悔
(7) いっかい(一回)③/一次
　　いっかい(一階)⓪/一楼、一层

2)
(1) ペットを飼う(かう①)/养宠物
　　ペットを買う(かう⓪)/买宠物
(2) 露(つゆ①)に濡れる/被露水打湿
　　梅雨(つゆ⓪)が明ける/梅雨期过去
(3) 歯(は①)が落ちる/掉牙
　　葉(は⓪)が落ちる/掉树叶
(4) 橋(はし②)を渡る/过桥
　　箸(はし①)で食べる/用筷子吃
(5) 雨が降る(ふる①)/下雨
　　手を振る(ふる⓪)/招手
(6) 着物を着る(きる⓪)/穿和服
　　指を切る(きる①)/割手指

(7) 酒（さけ⓪）を飲む/喝酒

鮭（さけ①）を食べる/吃大马哈鱼

(8) 国に帰る（かえる①）/回国

予定を変える（かえる⓪）/改变原定计划

(9) 配慮に欠ける（かける⓪）/考虑不周

心に掛ける（かける②）/挂在心上

3)

(1) ひがでるとひがきえた。

（日が出ると火が消えた）/太阳一出火就灭了。

(2) あしたのばんはわたしのばんだ。

（あしたの晩はわたしの番だ）/明天晚上轮到我了。

(3) あついひにあついふくをきている。

（暑い日に厚い服を着ている）/大热天穿得很厚。

(4) いまいさんはいまいまにいます。

（今井さんは今居間にいます）/今井现在在起居室。

(5) としをとってとしをはなれる。

（年を取って都市を離れる）/上了年纪离开城市。

(6) たびをはいてたびにでる。

（足袋を履いて旅に出る）/穿上布袜去旅行。

(7) かれのいしはいしのようにかたい。

（彼の意志は石のように硬い。）/他的意志像石头般硬。

(8) はながまんかいになるきせつにはながかびんになる。

（花が満開になる季節に鼻が過敏になる）

/鲜花盛开的季节鼻子过敏。

二　日、汉、英词调小析

世界上的语言基本上都有词调。词调大致分为强弱型词调和高低型词调。英语、俄语等属于强弱型词调，一般称为重音。日语属于高低型词调。汉语单音节字词的音调称为声调，一般称作四声。汉语双音节或多音节词也有词调，既有高低型又有强弱型。学习日语的词调时，应避免受到汉语和英语的影响。

1．日语"ま"与汉语"ma"

日语与汉语都具有高低型音调的特点，但有以下三点不同：

a．日语音调的高低变化体现在假名与假名、即拍与拍或音节与音节之间，是词调。如：

　　まﾞた　　まだﾞ　　いﾞま　　こﾞまる

单独一个假名(音节)"ま"体现不出音调的高低变化。

汉语声调的高低变化体现在音节内部，一个音节对应一个汉字，是字调。汉语四声之中2声(阳平)、3声(上声)、4声(去声)本身就有高低变化。如：

　　妈(mā)　麻(má)　马(mǎ)　骂(mà)

单独一个字或单字词本身就可有高低变化。

b．日语词调基本上是以词为单位的，一个词只出现一次高低变化。如：

　　校長(こうちょう)⓪

大学生(だいがくせい)③④

図書館(としょかん)②

汉语声调是以字为单位的,3声的单字出现由高到低再由低到高的两次高低变化,一个多字词可出现多次高低变化。如:

校长(xiàozhǎng)

大学生(dàxuéshēng)

图书馆(túshūguǎn)

c. 据调查,从音高的绝对值来看,日语音值低,音调的高低变化幅度不大,相当于乐谱4到1之间,而汉语音值高,声调的高低变化幅度较大,具有从i到1的相当宽广的音域。

综合以上几点,从整体上来说,日语词及由词组成的句子起伏变化较少、较小,而汉语词、句子起伏变化较多、较大。因此,学习、纠正日语词调,要注意以下几点:

1) 排除汉语四声的干扰,单个假名不要出现音调的高低变化;
2) 一个单词的音调只有一次高低起伏,而且幅度比汉语小;
3) 音调尽量放低,避免使用高、尖嗓音。

注意以上要点,听录音朗读下列词组和句子。

(1) うれしいです/高兴
(2) 大丈夫(だいじょうぶ)です/不要紧
(3) 会社員(かいしゃいん)です/是公司职员
(4) 学生(がくせい)です/是学生

(5) 店員です/是售货员

(6) 木曜日です/是星期四

(7) 四時です/是四点

(8) こちらです/是这边

(9) 右です/是右边

(10) 向こうです/是对面

(11) ここにあります/在这里

(12) すぐ戻ります/马上回来

(13) 違います/不对

(14) 困ります/伤脑筋

(15) 失礼します/对不起

(16) お邪魔します/打搅

(17) おそれいります/不好意思

(18) ありがとうございます/谢谢

(19) おめでとうございます/恭喜

(20) よろしくお願いします/请多关照

2. 日语"テスト"与英语"test"

学过英语的人都知道,英语的词调一般称为重音,是以单词为单位的,基本上一个单词一个重音,长单词可有次重音。英语的词调与日语截然不同,是强弱型音调。而且英语单词大多是辅音结尾的闭音节,日语单词则大多是元音结尾的开音节。日语中有大量来自英语的外来词,发音和词调基本上已经日语化了,拼读时不要受英语的影响。主要应注意以下

几点：
1) 头高型词调不要读成英语的强弱型"重轻"调。如：
   テスト①（测试、测验）不要读成 'test
2) 比较长的外来词一般为-3调，不要读成英语原来的重音。如：
   エレクトロニクス⑥（电子学）不要读成 elec'tronics
3) 平板式词调不要受英语影响读成头高型或中高型。如：
   ボール⓪（球）不要读成 'ball

注意以上要点，听录音朗读下列外来词。
(1) 头高型
　　ゴム①/橡胶　　　　　　ベル①/铃
　　タオル①/毛巾　　　　　ホテル①/大饭店
　　スーパー①/超级市场　　フアックス①/传真
　　ターミナル①/交通枢纽　セレモニー①/庆典
(2) 中高型
　　アパート②/公寓　　　　デパート②/百货商场
　　レコード②/记录、唱片　プロセス②/过程
　　デザイン②/设计　　　　イメージ②/形象
　　アスパラガス④/芦笋　　ヘリコプター③/直升机
(3) 平板式
　　ボタン⓪/扣子、按钮　　コップ⓪/杯子
　　ピストル⓪/手枪　　　　セメント⓪/水泥
　　ベテラン⓪/老手　　　　プリント⓪/印刷物
　　イギリス⓪/英国　　　　フランス⓪/法国
　　アルバム⓪/像册　　　　ボールペン⓪/圆珠笔

三 几种中国人不易掌握的日语词调类型

前面已经提到,汉语的声调是以字为单位,由字组成词时一个单词高低起伏变化较大。此外,汉语多音节词还有词调。其中的"轻读"和"重轻音"对学习日语的词调有一定的影响。汉语多音节词很少有连续几个音节高读或低读的情况。因此,遇到连续几拍为同样音高或起伏规律与汉语不同的日语单词,刚开始会有些不太适应。主要有以下几种情况:

1. 拍数多的平板式、尾高型容易发成中高型。如:
   ともだち⓪(朋友)　读成　ともだち③
   ふたり③⓪(两个人) 读成　ふたり②
2. 拍数多的头高型容易发成中高型。如:
   ようこそ①(欢迎)　读成　ようこそ③
3. −3型容易发成−2型。如:
   しつれい②(失礼)　读成　しつれい③
   纠正时,可利用音符来习惯日语的调型规律。例如:
   2 3 3　　　　ふたり
   2 3 3 3　　　ともだち

 注意以上几点,听录音朗读下列单词:

1) 平板式

   わたし⓪/我　　　　わたくし⓪/我
   なまえ⓪/姓名　　　しごと⓪/工作
   くるま⓪/汽车　　　きもち⓪/心情
   まなぶ⓪/学习　　　つかう⓪/使用

しなもの⓪/商品　　かみなり⓪/雷
はたらく⓪/干活　　もちいる⓪/用
いろいろ⓪/各种各样　なかなか⓪/相当,很
がっこう⓪/学校　　がくせい⓪/学生
がくしゅう⓪/学习　べんきょう⓪/学习,用功
はつおん⓪/发音　　せつめい⓪/说明
ゆうじん⓪/朋友　　しょうかい⓪/介绍

2) 头高型
いのち①/生命　　なみだ①/眼泪
にもつ①/行李　　でぐち①/出口
かえす①/归还　　かえる①/回来
まいにち①/每天　せんげつ①/上个月
きゅうりょう①/工资　きょうだい①/兄弟
ずいぶん①/非常　かえって①/反而
がたがた①/喀哒喀哒　かんかん①/熊熊(燃烧)
ころころ①/咕噜咕噜　じりじり①/吱啦吱啦
そろそろ①/快要　　ぺらぺら①/口若悬河

3) －3调
みなさん②/大家　　おやたち②/父母们
じむしつ②/办公室　くだもの②/水果
りじかい②/理事会　としょかん②/图书馆
やまぐに②/山国　　あおもり②/青森
しずおか②/静冈　　ながさき②/长崎
たかはし②/高桥　　かわぐち②/川口
まつした②/松下　　ふじもり②/藤森

四 "日本語"的词调怎么读?

有些学过多年日语的人把"日本语"读成中高型的②调

(にほんご)。的确,"日本"的词调是②调(にほん)。但是,其派生词"日本語""日本人"、复合词"日本文化"的词调应该怎么读呢?

日语词调是以词为单位的。不过,当一个单词加上词缀组成派生词时,原来的音调多会发生变化。这种变化是有规律的(参照第四章第二节3)。"国名＋语"要变成平板式调型。"日本語"应读成"にほんご"。"国名＋人"要变成起伏式的－3调。"日本人"在词调变化上有点例外,要读成－2调"にほんじん",也就是中高型的④调。

当两个或两个以上单词组成一个复合词时,各自原来的词调要调整为一个调型。这种调整也是有规律的,一般为中高型,高到后项词的第一拍。"日本＋文化"不能读原来的两个词调"にほんぶんか",要连读成一个中高型的④调"にほんぶんか"。

除了复合名词之外,复合动词、复合形容词的词调也不能分离。例如:

書き直す(かきなおす)不能读成(かきなおす)

言い過ぎる(いいすぎる)不能读成(いいすぎる)

堅苦しい(かたくるしい)不能读成(かたくるしい)

总之,要记住这样一个原则,一个单词内不能有两处高读音调。一个复合词亦如此。

注意以上要点，听录音做以下练习：

1) 日本（にほん）② 日本人（にほんじん）④ 日本語（にほんご）⓪
   日本文化（にほんぶんか）④ 日本社会（にほんしゃかい）④ 日本経済（にほんけいざい）④
   日本料理（にほんりょうり）④ 日本文学（にほんぶんがく）④ 日本映画（にほんえいが）④

2) 中国（ちゅうごく）① 中国人（ちゅうごくじん）③ 中国語（ちゅうごくご）⓪
   ロシア① ロシア人③ ロシア語⓪
   ドイツ① ドイツ人③ ドイツ語⓪
   フランス⓪ フランス人④ フランス語⓪
   スペイン② スペイン人③ スペイン語⓪

3) 北京大学（ぺきんだいがく）④/北京大学
   現代社会（げんだいしゃかい）⑤/现代社会
   世界地図（せかいちず）④/世界地图
   科学技術（かがくぎじゅつ）④/科学技术
   高速道路（こうそくどうろ）⑤/高速公路
   天気予報（てんきよほう）④/天气预报
   株式会社（かぶしきがいしゃ）⑤/股份公司
   電気製品（でんきせいひん）④/电器
   自然環境（しぜんかんきょう）④/自然环境
   消費者価格（しょうひしゃかかく）⑤/消费者物价

4) 読み終わる（よみおわる）④⓪/看完
   出来上がる（できあがる）④⓪/做成
   作り直す（つくりなおす）⑤⓪/重做
   走り続ける（はしりつづける）⑥⓪/连续跑
   話し掛ける（はなしかける）⑤⓪/搭话
   燃え広がる（もえひろがる）⑤/燃遍
   生き残る（いきのこる）⓪④/幸存

考えすぎる(かんがえすぎる)⑥⓪/想得太多

高すぎる(たかすぎる)④⓪/太高,太贵

使いやすい(つかいやすい)⑤/好使

分かりにくい(わかりにくい)⑤/不好懂

細長い(ほそながい)④⓪/细长

薄赤い(うすあかい)⓪④/淡红

狭苦しい(せまくるしい)⑤⓪/狭窄憋屈

五　助词、助动词与词调

　　日语词调以单词为单位。然而,日语属粘着语,单词组成句子时,单词后面往往粘着助词、助动词、补助动词等。而且,经常出现助词重叠、助动词重叠现象。从这个意义上来讲,日语词调是以单词或加后续助词、助动词为单位的,或者说是以句子成分为单位的。因此,仅仅掌握单词的词调是不够的。问题往往出现在单词与后续成分衔接时的音调上。主要有以下几个方面。

1."弟です"的词调是"おとうとです"还是"おとうとです"?

　　向日本人介绍自己的弟弟时会说这句话。助动词"です"接在平板式调型的单词后面时,读作"です"。接在起伏式调型的单词后面时,本身没有音调。问题是,起伏式调型里的尾高型与平板式不好区别,后续助词或助动词时容易读错词调。

"おとうと"是尾高型④调词。后续"です"时往往错误地读成"おとうとです"。其实,正确的词调应该是"おとうとです"。不仅"です",后续其他助词、助动词时,平板式和尾高型的读法也不一样。

注意这一点,听录音做下列练习。

1) ともだち⓪/朋友　　　　おとうと④/弟弟
　 ともだちが⓪　　　　　 おとうとが④
　 ともだちから⓪　　　　 おとうとから④
　 ともだちでも⑤　　　　 おとうとでも④
　 ともだちだ⓪　　　　　 おとうとだ④
　 ともだちでしょう⑥　　 おとうとでしょう④

2) はながさく(花が咲く)/开花
　 ゆきがふる(雪が降る)/下雪
　 やまをのぼる(山を登る)/爬山
　 さしみをたべる(刺身を食べる)/吃生鱼片
　 へやにいる(部屋にいる)/在房间里
　 かみにかく(紙に書く)/写在纸上
　 いちからはじまる(一から始まる)/从头开始
　 ちちからもらう(父からもらう)/从父亲处得到

3) ちちです(父です)/是我父亲
　 あしたです(明日です)/是明天

ふたりだ(二人だ)/是两个人

おとこだ(男だ)/是男的

なつでしょう(夏でしょう)/是夏天吧

やすみでしょう(休みでしょう)/大概休息吧

ついたちでしょう(1日でしょう)/是1号吧

2."与える"的被动式词调是"あたえられる"还是"あたえられる"？

被动助动词"れる・られる"接在平板式动词后面时，整个动词的词调仍为平板式。接在起伏式动词后面时，整个动词仍为起伏式，即－2调。无论哪种调型，助动词"られる"的"ら"都不能低读。题头的动词"与える"是平板式调型，其被动式应读"あたえられる"，而不能读成"あたえられる"或"あたえられる"。使役助动词"せる・させる"的调型规则也应如此。

需要注意的是，动词后续被动或使役助动词之后，再接其他助词或助动词时，词调应该怎么读？此时，应把动词的被动态或使役态视为一个加长的动词。其词调仍为普通动词的两种基本调型——平板式和－2调。再接其他助词或助动词时的调型规则可参照第四章第四节1。

注意以上要点，听录音做下列练习。

1) 行く⓪　　いかれる⓪　　いかせる⓪
　　使う⓪　　つかわれる⓪　　つかわせる⓪

与(あた)える⓪　あたえられる⓪　あたえさせる⓪
並(なら)べる⓪　ならべられる⓪　ならべさせる⓪
実現(じつげん)する⓪　じつげんされる⓪　じつげんさせる⓪
読(よ)む①　よまれる③　よませる③
来(く)る①　こられる③　こさせる③
食(た)べる②　たべられる④　たべさせる④
話(はな)す②　はなされる④　はなさせる④
守(まも)る②　まもられる④　まもらせる④

2) 言(い)う⓪　いわれる⓪　いわれた⓪
書(か)く①　かかせる③　かかせた②
行(い)く⓪　いかせる⓪　いかせない⓪
見(み)る①　みられる③　みられない③
泣(な)いた⓪　なかせた⓪　なかせたそうだ⑤
撮(と)った①　とられた②　とられたそうだ②
教(おし)える⓪　おしえさせる⓪　おしえさせられる⓪
考(かんが)える③　かんがえさせる⑥　かんがえさせられる⑧

3)
(1) いてもたってもいられない
　　(居ても立ってもいられない)/坐立不安
(2) いろいろかんがえさせられました
　　(いろいろ考えさせられました)/思緒万千
(3) やすませていただきたいんですが

(休ませていただきたいんですが)/我想休假
(4) きのうがっこうにいきませんでした
(昨日学校に行きませんでした)/昨天没去学校
(5) しんぶんにのっていませんでした
(新聞に載っていませんでした)/报纸上没登

3."～ください"的词调怎么读?

"～ください"是表示要求的常见说法。用于索取物品时,前面接助词"を",构成"名词をください"的句式。用于要求对方做某事时,前面接助词"て",构成"动词连用形＋てください"的句式。这两种句式里的"ください"都要和助词前面的名词、动词连读成一个词调。前面的名词、动词如果是平板式调型,要一直高读到"ください"的"さ"。前面的名词、动词如果是起伏式调型,"ください"要低读。比"动词连用形＋てください"更客气的说法是"お动词ください"。此时无论动词是平板式调型还是起伏式,整个句式都读为－2调。

注意上述要点,听录音做下列练习。

(1) りんご⓪→りんごをください⑦/我要苹果
(2) かぎ(鍵)②→かぎをください②/给我钥匙
(3) おかし(お菓子)②→おかしをください②/我要点心
(4) ライター①→ライターをください①/我要打火机
(5) いう(言う)⓪→いってください⑥/讲吧
(6) おしえる(教える)⓪→おしえてください⑦/告诉我

(7) かく(書く)① → かいてください①/写吧

(8) てつだう(手伝う)③ → てつだってください③/帮把手

(9) しらべる(調べる)③ → しらべてください②/了解一下

(10) あがる(上がる)⓪ → おあがりください⑦/请进

(11) かける(掛ける)② → おかけください⑥/请坐

(12) つたえる(伝える)⓪ → よろしくおつたえください⑪/请带个好

此外,还有一些动词经常接在助词"て"后面,如"ている""てくる""てみる""ておく""てしまう"。此时,它们成为补助动词,失去了原有动词的意义,也失去了原有的词调。要和助词"て"前面的动词连读成一个调型。前面的动词如果是平板式调型,"ている""ておく"要一直高读到底,"てくる""てみる""てしまう"为-2调。前面的动词如果是起伏式调型,补助动词要低读。

听录音,做下列练习。

笑う⓪	わらっている⓪/笑着
立つ①	たっている①/站着
泳ぐ②	およいでいる②/游着
優れる③	すぐれている②/优秀
働く⓪	はたらいてくる⑥/一直工作
太る②	ふとってくる②/胖起来
使う⓪	つかってみる⑤/试用
書く①	かいてみる①/试写
買う⓪	かっておく⓪/事先买好

話す②　　　はなしておく②/事先说好
転ぶ⓪　　　ころんでしまう⑥/摔倒
食べる②　　たべてしまう①/吃掉
お待ちしておりました⑧/一直盼望您的光临
いつもお世話になっております/一直承蒙您的关照
うららかな春の日に新しい車を走らせている
　　　　　　　　　　　　/在明媚的春光里驾驶着新车飞驰。
奈良には歴史の古いお寺がたくさんある
　　　　　　　　　　　　/奈良有许多历史悠久的寺院。
この辺にはさるが現れることがある
　　　　　　　　　　　　/这一带有时会出现猴子。
暖かい思いやりが心を暖める/温暖的关怀温暖人心。
連絡が遅れてラナタに怒られた/联系迟了拉那塔发了脾气。

小会話(4)

高凌:これ、つまらないものですが……
　　　　　　　　　　　　/这是一点小意思。
鈴木:そんな気を使ってくださらなくてもいいのに。
　　　　　　　　　　　　/您用不着这么客气。
高凌:ほんの気持だけですから。/只是一点心意。
鈴木:そうですか。じゃ……/是吗,那我就……

第六章 日语句调

以上我们学习了假名的发音和单词的词调。在使用语言交际时,一般是以单词或词组组成的句子为单位。句子也有音调高低轻重的配置,一般称为句调。一句话说完的标志在句尾。根据说话人的语气不同,句尾音调或升或降。这种句尾音调的升降变化可称之为**句尾语调**(イントネーション)。句子一般是由若干个成分构成的。为了突出某个信息,句子中的某一成分需要重读。这种重读的部分可称之为语句重音(プロミネンス)。

一 句调与词调

句调与词调是两个不同的概念。词调主要以词为单位,是构成一个词的假名与假名之间音调的高低配置关系。句调以句子为单位,是句中某个成分或句尾的轻重高低配置关系。词调具有辨别同音词词义、划分词与词的分界的作用。句调可以区别说话人不同的意图、感情。一个词的词调是相对固定的。一个句子的句调则可以变化。同样一句话,不同的句调表达不同的意图、感情。如:

日本人ですか。(にほんじんですか↑)

日本人ですか。(にほんじんですか↓)

　　这两句话的词调是一样的,但句尾语调不一样,表达的句义也不一样。前者读升调,表示疑问。后者读降调,表示轻微的感叹,用于得知是日本人后,自言自语地重复一遍。

　　一般说来,句调与词调互不干扰。句调中的语句重音主要通过重读来表示。句尾语调主要体现在句尾的助词、助动词上。但是在遇到简体句或独词句时,词调和句尾语调往往会叠加在一起。如:

大学生？(だいがくせい↑)/大学生?
行く？　(いく↑)/去吗?

　　此时,句尾的音节为低读音调时,顺应其音调,先降后升即可。句尾的音节为高读音调时,在完成其高读之后,再往上升高一点即可。例如：

雨？　　(あめ↑)/下雨了?
いる？　(いる↑)/在吗?

听录音,练习下列语句。

1) 词调相同,句调不同。
(1) 雨。　　　(あめ↓)/下雨了。
　　雨？　　 (あめ↑)/下雨了?
(2) 魚。　　　(さかな↓)/鱼。
　　魚？　　 (さかな↑)/鱼?
(3) きのう。　(きのう↓)/昨天。
　　きのう？ (きのう↑)/昨天?
(4) 行く。　　(いく↓)/去。

　　　　行く？　　　　　　(いく↑)/去吗？
(5) 読む。　　　　　　(よむ↓)/看。
　　読む？　　　　　　(よむ↑)/看吗？
(6) 話す。　　　　　　(はなす↓)/讲。
　　話す？　　　　　　(はなす↑)/讲吗？
(7) いい。　　　　　　(いい↓)/好。
　　いい？　　　　　　(いい↑)/好吗？
(8) 面白い。　　　　　(おもしろい↓)/有意思。
　　面白い？　　　　　(おもしろい↑)/有意思吗？
(9) 易しい。　　　　　(やさしい↓)/容易。
　　易しい？　　　　　(やさしい↑)/容易？
(10) 大丈夫。　　　　　(だいじょうぶ↓)/不要紧。
　　 大丈夫？　　　　　(だいじょうぶ↑)/不要紧吗？
(11) 勝った。　　　　　(かった↓)/赢了。
　　 勝った？　　　　　(かった↑)/赢了？
(12) 買った。　　　　　(かった↓)/买了。
　　 買った？　　　　　(かった↑)/买了？

2) 词调不同，句调相同。

(1) 雨？　　　　　　　(あめ↑)/下雨了？
　　飴？　　　　　　　(あめ↑)/糖？
(2) 箸？　　　　　　　(はし↑)/筷子？
　　橋？　　　　　　　(はし↑)/桥？
(3) 電気？　　　　　　(でんき↑)/电灯？
　　伝記？　　　　　　(でんき↑)/传记？
(4) 後悔？　　　　　　(こうかい↑)/后悔？
　　公開？　　　　　　(こうかい↑)/公开？
(5) 暑い？　　　　　　(あつい↑)/热？

　　　　厚い？　　　　（あつい↑）/厚？
(6)　切る？　　　　（きる↑）/切？
　　　着る？　　　　（きる↑）/穿？
(7)　飼う？　　　　（かう↑）/饲养？
　　　買う？　　　　（かう↑）/买？
(8)　帰った？　　　（かえった↑）/回去了？
　　　変えた？　　　（かえた↑）/改变了？
(9)　晴れた？　　　（はれた↑）/晴了？
　　　腫れた？　　　（はれた↑）/肿了？
(10) 閉めている？　（しめている↑）/关了？
　　　湿っている？　（しめっている↑）/湿了？

二　日语句尾语调的类型

句尾音调的升降变化可称为句尾语调。日语句尾语调大致有如下几种类型。

1. 升调

a. 用于提问。

今何時ですか/现在几点了？

いっしょに行きますか/一起去吗？

食べる？/吃吗？

おいしい？/好吃吗？

b. 用于确认。

田中さんですね/你是田中吧?

会議は10時ですよね/会议10点开吧?

彼は日本人じゃない?/他不是日本人吗?

行くでしょう?/去吧?

c. 表示怀疑。

ほんとうですか?/真的吗?

ほんとう?/真的?

そう?/是吗?

d. 表示告知。

そこにあるよ/在那里呢!

大丈夫よ/不要紧的。

2. 降调

a. 表示断定。

まったくそのとおりです/的确如此。

たしかにここにありました/确实在这里来着。

林さんは日本人ではない/小林不是日本人。

きっと来るでしょう/一定会来吧。

b. 用于要求、命令。

もう一度説明してください/请再说一遍。

早くしなさい/快点干。

泣くな/不许哭!

c. 用于质问、责备。

一体どこへ行ったんだ/到底去哪了?

どうしたんだ。遅かったじゃないか
/怎么回事？怎么晚了？

冗談じゃありませんよ/别开玩笑了!

遅かったわね/你可迟到了啊!

d. 表示感叹(赞美、喜悦、失望、发愁等)

いい天気ですねえ/天气真好啊。

困りますねえ/不好办呀。

うれしい/真高兴。

なんていいでしょう/多好啊。

そうですか。来ないんですか/是吗？不来了呀？

3. 平调

a. 表示客观叙述。

ゆうべ雨が降りました/昨晚下雨了。

彼女は何も言わなかった/她什么也没说。

b. 表示心不在焉、满不在乎。

そうですか/是么。

行かない/不去。

c. 表示犹豫、踌躇、话犹未尽。

ええと……/嗯……

あのう……/这个么……

それはそれでいいけど/话是这么说,可是……

听录音,朗读下列句子。

(1) どちら様ですか/是哪位?

化粧室はどこですか/化妆间在哪里?

いつ帰りますか/什么时候回来(回去)?

鈴木さんは来ましたか/铃木来了吗?

渡辺さんはいらっしゃいますか/渡边先生在吗?

お二人様ですか/您是两位吗?

お元気ですか/你身体好吗?

あなたは荘さんですね/你是小庄吧?

これは習いましたね/这个学过了啊。

あれは郵便局じゃない/那不是邮局吗?

ちょっと寒いんじゃない?/你不觉得有点凉吗?

そうでしょう。上手でしょう/怎么样? 挺棒的吗?

そうですか。本当ですか/是吗? 是真的吗?

だめよ/不行!

これはお買い得ですよ/买这个可合算呢!

そこは危ないよ/那里危险!

(2) 必ず行きます/一定去。

まったくおっしゃったとおりです/的确如您所言。

はい、わかりました/是,明白了。

こちらにお名前をお書きください/请在这里写下您的名字。

ごめんください/有人吗?

出て行け!/滚出去!

二度と会いたくない/再不想见到你。

それは残念ですねえ/那太遗憾了。

いいお天気ですね/天气真好啊。

すばらしい!/太棒了!

(3) 行ってきます/我走了。

行ってらっしゃい/早去早回啊。

ただいま/我回来了。

お帰りなさい/你回来了。

お疲れ様/辛苦了。

ご苦労様/辛苦了。

三 语句重音

　　语句重音是指一句话若干个成分中需要加以重读的部分。这部分是一句话的重点,是需要强调的主要信息。没有重读,则听话人不易分清信息的主次,无法准确了解说话人的意图。

　　重读句子中的某一成分,是把这一成分的音调高低幅度拉大,同时将其后接成分轻读。

　　语句重音与句式结构及某些语词有关。其规则大致有以下几点。

1. 疑问句的疑问词重读。

    今<u>何時</u>ですか/现在几点了？

    <u>どこ</u>にいますか/人在哪里？

2. 判断句、描写句的谓语部分重读。

    あの方は<u>フランス人</u>です/那位是法国人。

    パンダは<u>かわいい</u>です/熊猫很可爱。

    この映画は<u>面白く</u>ありません/这部电影没意思。

3. 叙述句有两种情况：

    a. 肯定句宾语、补语部分重读。

    <u>小説</u>を読んでいます/正在看小说。

    <u>広州</u>へ行きます/去广州。

    b. 否定句谓语部分重读。

    テレビを<u>見</u>ません/不看电视

    旅行に<u>行</u>きません/不去旅行。

4. 定语部分重读。

    周さんは<u>面白い</u>人です/小周是个有趣的人。

    <u>ふるさとの</u>水を飲みたい/想喝家乡的水。

    <u>宿題</u>を忘れた人がいますか/有人忘了作业吗？

5. 表示时间、数量的成分重读。

    授業は<u>8時</u>から始まります/课从8点开始。

    ハンカチを<u>3枚</u>買いました/买了3块手绢。

6. 副词成分重读。

この問題は<u>非常に</u>難しいです/这道题非常难。

雨が<u>ざあざあ</u>降っています/雨哗哗地下着。

7. 含有某些助词的句子成分重读。

a. 格助词が

<u>山田さんが</u>来ました/山田来了。

<u>果物が</u>好きです/喜欢水果。

b. 副助词こそ、さえ、しか、だけ、ばかり、でも、も

<u>今度こそ</u>勝ってみせます/这回一定要赢给你们看。

週に<u>一日しか</u>休めません/每星期只能休息一天。

英語のほかに<u>日本語も</u>話せます

/除了英语之外还会讲日语。

c. 表示对比的副助词は

<u>酒は</u>飲みますが、<u>たばこは</u>吸いません

/酒是喝的,但不抽烟。

由以上规则可以看出,句子中需要强调的重要部分主要有对方希望得知的信息、想要引起对方注意的内容、容易听不清或听错的地方等。语句重音往往落在这些句子成分上。

注意语句重音,听录音朗读下列句子。

1) <u>いつ</u>帰りますか/什么时候回去(回来)?

2) お飲み物は<u>何</u>がいいですか/喝点什么?

3) 中村さんは会社員です/中村先生是公司职员。

4) 地球は丸いです/地球是圆的。

5) 張さんは日本語を習っています。/小张正在学日语。

6) 大学を出て会社に入りました。/大学毕业进了公司。

7) きょうは学校に行きません/今天不去学校。

8) 静かなところに住みたい/想住在安静的地方。

9) 毎朝6時に起きます/每天6点起床。

10) コピーは20部とりました/复印了20份。

11) 大変お世話になりました/得到您很多帮助。

12) バスより地下鉄の方が早いです。/地铁比公共汽车快。

13) 木村さんはテニスが上手です/木村网球打得好。

14) 彼は漫画ばかり読んでいます/他光看漫画。

15) ここは夏でも寒い/这里夏天也很冷。

四 句调纠正与练习

1. "いいですね(↑)"和"いいですね(↓)"

　　这两句话从字面上看一模一样,但所表达的意思不同。前一句读升调,用于确认对方的看法,谋求对方的同感。后一句读降调,用于表示赞同。可见,许多情况下,同样一句话,句调不同,表达的语气也不一样。尤其是助词"か""よ"结尾的句子如果读降调,有时会带斥责的口吻而引起不必要的误会甚至磨擦。因此,需要格外注意。要练习熟悉日语句尾的升调。

听录音,朗读下列句子。注意句尾语调与语气的关系。
1) なんですか。↑　　　　　　　　（什么事?）
　 なんですか。↓　　　　　　　　（怎么搞的?）
2) 学生ですか。↑　　　　　　　　（是学生吗?）
　 学生ですか。↓　　　　　　　　（是学生啊。）
3) 見ますか。↑　　　　　　　　　（看吗?）
　 見ますか。↓　　　　　　　　　（看啊。）
4) いますか。↑　　　　　　　　　（在吗?）
　 いますか。↓　　　　　　　　　（在啊。）
5) だめですか。↑　　　　　　　　（不行吗?）
　 だめですか。↓　　　　　　　　（不行么?）
6) 飲んではだめだよ。↑　　　　　（你可不能喝啊。）
　 飲んではだめだよ。↓　　　　　（你可不许喝啊!）
7) 困りますね。↑　　　　　　　　（不好办吧?）
　 困りますね。↓　　　　　　　　（不好办啊。）
8) いいですね。↑　　　　　　　　（好吗?）
　 いいですね。↓　　　　　　　　（好啊!）
9) きょうは休みでしょう。↑　　　（今天是休息吧?）
　 きょうは休みでしょう。↓　　　（今天不是休息吗?）
10) 田中さんじゃありませんか。↑　（该不是田中吧?）
　 田中さんじゃありませんか。↓　（这不是田中么。）

2. "そうですか"怎么读?

句尾语调除了上面所谈到的升调、降调、平调等基本类型之外,还有升降调、降升调以及升降的轻重缓急、语速的长短等细微区别,反映说话人的不同心理、感情色彩。例如,日本

人常说的"そうですか""そうですね"可有多种语调,表达多种不同的口气。要注意体会、摹仿,做到尽可能准确地理解、表达语气上的细微区别。

听录音,注意斜体字语气的不同。

1) 山口さんは交通事故で入院しましたよ。

　　——えっ、そうですか。命 大丈夫 ですか。

　　（↓惊讶）

　　/山口出交通事故住院了!

　　——啊?是吗。没生命危险吧?

2) 山口さんは交通事故で入院しましたよ。

　　——えっ、そうですか。きのう会ったばっかりなのに。

　　（↑怀疑）

　　/山口出交通事故住院了

　　——啊?是吗?昨天我还见着他呢。

3) 青木さんは東大の出身 ですって。

　　——へえ、そうですか。エリートですね。

　　（↓钦佩）

　　/听说青木是东大毕业的。

　　——哦,是吗。那可是尖子啊。

4) 来週の試合中止になったそうです。

　　——ああ、そうですか。残念ですね。

　　（↓失望）

　　/听说下星期的比赛取消了。

　　——啊?是吗。太遗憾了。

5) 来週の試合中止になったそうです。

165

——あ、そうですか。ええと、日本語の試験はいつですか。
　　　（→心不在焉）
/听说下星期的比赛取消了。
——哦,是么。嗯,日语考试是什么时候?

6) きのうの試合、うちのチームが勝ったんだよ。
——そうですか。よかったですね。
　　（↘喜悦）
/昨天的比赛我们队赢啦。
——是吗,太好啦。

7) 小林さんから電話があって、来られないそうです。
——あ、そうですか。分かりました。
　　（→应和）
/小林来电话,说是不能来了。
——哦,是么。知道了。

8) コーヒーでも飲みましょうか。
——そうですね。いいですね。
　　（↘愉快地答应）
/喝点咖啡吗?
——啊,好啊!

9) コーヒーでも飲みましょうか。
——そうですね。ちょっと……。
　　（→难于答复）
/喝点咖啡吗?
——嗯,这个么……

10) きょうはいい天気ですね。
——そうですね。本当にいいお天気ですね。

(↓赞同)

/今天天气真好啊。

——是啊,真是个好天啊。

11) それはあなたのかばんですね。そうですね。

——そうですよ。わたしのかばんです。

(↑确认)

/这是你的书包吧? 是吧?

——是的,是我的书包。

3. "<u>ここ</u>でけっこうです"还是"ここで<u>けっこう</u>です"?

当你乘坐出租车或搭便车到达目的地时,会向司机说这句话。这句话由"ここで""けっこうです"两部分构成。语句重音应该落在哪个部分呢? 重音在"ここ"上是一般的说法,表示到了自己要去的地方,在这里停车很合适。如果重音落在"けっこう"上,则表示停车的地方不合自己的心意,只好将就,带有不满的口气。由此可见,语句重音有时并不是固定的。同样的一句话不同的语句重音,不仅表示不同的主要信息,还反映出说话人不同的表达意图。因此,需要细心把握,以保证正确沟通双方的意图,避免误会。

🔊 听录音,朗读下列句子。注意语句重音所在。

1) <u>ここ</u>でけっこうです。　　　　(<u>这里</u>就可以了)

　　ここで<u>けっこう</u>です。　　　　(这里<u>也可以</u>吧)

2) <u>あと</u>でいいです。　　　　　　(<u>不</u>着急)

　　あとで<u>いい</u>です。　　　　　　(过后<u>也行</u>吧)

3) <u>毎朝</u>ジョギングします。　　　(<u>每天早上</u>慢跑)

　　毎朝<u>ジョギング</u>します。　　　(每天早上<u>慢跑</u>)

4) <u>2時半</u>から会議があります。　　（<u>两点半</u>有个会）
   2時半から<u>会議</u>があります。　　（两点半有个<u>会</u>）
5) 生徒たちが<u>廊下</u>で騒いでいます。（学生们在<u>走廊</u>上打闹）
   <u>生徒たち</u>が廊下で騒いでいます。（<u>学生们</u>在走廊上打闹）
6) <u>みんな</u>バスに乗りました。（<u>大家</u>都坐公共汽车了）
   みんな<u>バス</u>に乗りました。（大家都坐<u>公共汽车</u>了）
7) <u>去年</u>は<u>夏休み</u>にハルビンへ行きました。

　　　　　　　　　　　　　　　　　（<u>去年暑假</u>去哈尔滨了）
   去年は夏休みに<u>ハルビン</u>へ行きました。

　　　　　　　　　　　　　　　　　（去年暑假去<u>哈尔滨</u>了）
8) <u>雨</u>が降り出しました。　　　（下起<u>雨</u>来了）
   雨が<u>止み</u>ました。　　　　　（雨<u>停</u>了）
9) <u>春</u>が来ました。　　　　　　（<u>春天</u>来了）
   春が<u>過ぎ</u>ました。　　　　　（春天<u>走了</u>）
10) <u>会社</u>に行きます。　　　　　（去<u>公司</u>）
    会社に<u>行きません</u>。　　　　（<u>不去</u>公司）

4．句子中什么成分应该轻读？

语句重音是句子中应该重读的成分。重读成分后面的成分一般要轻读。轻读主要表现为该成分的音调弱化，即高低幅度缩小。日语中最常见的轻读成分是肯定句的谓语动词及其后续助动词或补助动词。此外，受定语修饰、限定的成分也往往轻读。如：

　　この映画は原作の 小説 より面白いと 思います。

（我觉得这部电影比原作小说有意思）

雨の降る日は家にいます。（下雨天呆在家里）

如果这些该轻读的地方重读，听起来就会不自然。另外，从整个句子的音调走势来看，一般情况下句首音调较强，句尾音调变弱，有时甚至听不清楚。这是因为日语句子整体的高低起伏比较和缓，一口气可以说一句话，中间不换气。到了句尾自然声音变弱，这一点与汉语不同，需要逐渐习惯。

注意以上要点，听录音朗读下列句子。

1) 孫玲と申します。（我叫孙玲）
2) ここが大事だと思います。（我认为这个地方很重要）
3) 日本では元旦をお正月といいます。

（在日本把元旦叫作正月）

4) 日本語は助詞が難しいといわれています。

（都说日语助词难）

5) 10年前から日本語を習ってきました。

（从10年前开始一直学日语）

6) これからも日本語を習っていくつもりです。

（今后也打算继续学日语）

7) 庭にはりんごの木があります。（院子里有苹果树）
8) 趙さんは今図書館にいるかもしれません。

（小赵现在可能在图书馆）

9) 海に行きたい人がいますか。（有人想去海边吗?）
10) 富士山に登ったことがありますか。（爬过富士山吗?）

11) 不思議(ふしぎ)なものを見(み)ました。(看到了奇怪的东西)
12) 仕事(しごと)の多(おお)い日(ひ)は 残業(ざんぎょう) をします。(工作多的日子加班)

结束语　日语发音要点小结

从假名的发音、单词的词调到句子的语调,只要掌握好这几个环节,你的语音语调就能够基本过关了。最后,概括一下日语发音的要点。

1. 日语只有五个单元音,没有复合元音,简单易学。关键是发音时要保持口形不滑动。
2. 日语的节拍非常重要。长音、拨音、促音要占 2 拍。词调的高低变化出现在拍与拍之间。拍的内部没有高低变化。
3. 记单词时要留心记住词调。注意单词、词组及复合词只有一个高读部分。要把握好单词与后续词及复合词衔接处的音调。
4. 在理解句义的基础上掌握好语句重音。把握句尾语气和句调的关系。
5. 除疑问句、感叹句等句尾语气强的句子外,一般句子呈音量衰减的趋势,句头重,句尾轻。
6. 日语既有节奏感而又高低起伏不大。中国人说日语时,北方人要注意加强节奏感,南方人要注意语调保持平稳。

附录　实用短句

1. 你好！／こんにちは。⓪
2. 好！（同意）／はい、けっこうです。①
3. 是！（认可）／はい。①
4. 不！（拒绝）／いいえ。⓪
5. 谢谢！／ありがとうございます。②
6. 不客气！／いいえ。⓪
7. 再见！／(正式)失礼(しつれい)します。②
　　　　　さようなら。④⑤
8. 欢迎！／ようこそいらっしゃいました。①
9. 早上好！／おはようございます。⑧
10. 对不起！／(口气轻松)すみません。④
　　　　　（口气郑重）申(もう)し訳(わけ)ありません。⑨
11. 请！／どうぞ。①
12. 请进！／どうぞお入(はい)りください。①-⑦
13. 请坐！／どうぞおかけください。①-⑥
14. 请吃吧！／なにもありませんが、どうぞ。⑦、①
15. 请结账！／会計(かいけい)お願(ねが)いします。⑩

16. 请等一会儿。
   /(口气一般)ちょっと待ってください。①
   (口气郑重)少々お待ちください。①-⑥
17. 渴了。/のどが渇きました。①-④
18. 饿了。/おなかがすきました。⑦
19. 够了。/もうけっこうです。①
20. 多少钱？/いくらですか。①
21. 我要这个。/これをください。⑥
22. 邮局？/郵便局はどこですか。
23. 洗手间？/お手洗いはどこてすか。
24. 出租车！/タクシー！①
25. 哪儿？/どこですか。①
26. 这儿。/ここです。③
27. 那儿。/(中称)そこです。③
   (远称)あそこです。④
28. 近吗？/近いですか。②
29. 远吗？/遠いですか。②
30. 什么？/なんですか。①
31. 水。/水。⓪
32. 护照。/パスポート。③
33. 什么时候？/いつですか。①
34. 为什么？/なぜですか。①
35. 旅馆。/ホテル。①

36. 机场。/空港(くうこう)。⓪

37. 火车站。/駅(えき)。①

38. 医院。/病院(びょういん)。⓪

39. 中国大使馆。/中国大使館(ちゅうごくたいしかん)。⑦

40. 派出所。/交番(こうばん)。⓪

41. 站住！/とまれ！③

42. 危险！/危(あぶ)ない！③

43. 救命！/助(たす)けて！⓪

44. 着火了！/火事(かじ)だ！①

45. 叫医生！/医者(いしゃ)を呼んでください。⑨

46. 跟我走！/わたしの後(あと)について来(き)てくたさい。⑤

47. 快点！/急(いそ)いでくたさい。②

48. 入口？/入口(いりぐち)はどこですか

49. 出口？/出口(でぐち)はどこですか

50. 电话呢？/電話(でんわ)はどこですか

主要参考文献

1. 『NHK日本語発音アクセント辞典(新版)』
　　　　　　　　NHK放送文化研究所編　1998年
2. 『例解日本語アクセント辞典　(第二版)』
　　　　　　　　秋永一枝編　三省堂　1983
3. 『教師用日本語教育ハンドブック6　発音』
　　　　　　　　国際交流基金　1981年
4. 『日本語音声学』　　　　天沼寧/大坪一夫/水谷修
　　　　　　　　くろしお出版　1983年
5. 『日本語の音韻とアクセント』
　　　　　　　　中條修　勁草書房　1992年
6. 『アクセント・イントネーション・リズムとポーズ』「日本語のイントネーション　一型と機能一」
　　　　　　　　郡史郎　三省堂　1997年
7. 『文法と音声』「文末詞と文末イントネーション」
　　　　　　　　小山哲春　くろしお出版　1997年
8. 『1999年中国中高校日本語教師研修会教材』
　　　　　　　　国際文化フォーラム　1999年
9. 『言語学とコミュニケーション』　　　　小泉保
　　　　　　　　大学書林　1996年
10. 『日本語教育研究論纂　第一集』「中国人に見られる日本

語アクセントの傾向」　　　　　　　　　　　　蔡全胜
　　　　　　　　　　　　　　　　　国際交流基金　1983年
11.『日语语音答问』　　　　　　　　　　　　　李怀塘
　　　　　　　　　　　　　　　商务印书馆　1996年
12.「日语的语句重音及其规则」　　　　　　　　朱春跃
13.『汉日语言研究文集(二)』「汉日声调对比研究」
　　　　　　　　　　　　续三义　北京出版社　1999年
14.『日语基础(语音篇)』　北京大学东语系日语教研室
　　　　　　　　　　　　　　　　　　　商务印书馆

北京大学出版社语言室日语类精选书目

日语词典系列
现代汉日辞海（上下册），[日]香坂顺一编著，680.00元
日汉汉日双向词典，黄幸编著，150.00元
最新高级日汉辞典，黄幸编著，68.00元
最新精选日汉辞典，黄幸编著，39.00元
实用日汉辞典，尹学义编著，26.00元
最新日语外来语分类辞典，讲谈社原版影印，45.00元
新编日语外来语辞典，张作义编著，88.00元
日语学习例解活用词典，[日]广濑正宜编著，45.00元
日本语姓式读音大词典，[日] ヌソシエーツ株式会社原版引进，88.00元

日本语能力考试系列
日语能力考试专用教材日语（基础篇·上），车小平编著，25.00元
日语能力考试专用教材日语（基础篇·下），车小平编著，25.00元
日本语能力测试对策（1、2级），王彦花编著，28.00元
日本语能力测试对策（3、4级），王彦花编著，16.80元